Formes et couleurs

...Pour jouer avec vos enfants

et petits-enfants

La ***Chronique Sociale*** est à la fois un organisme de formation et de recherche et une maison d'édition. Fondée à Lyon en 1892, elle s'est préoccupée dès ses origines de sensibiliser aux évolutions de la société et de suggérer une organisation de la vie collective plus solidaire et plus respectueuse des personnes.

Actuellement, les ***Éditions de la Chronique Sociale*** publient des ouvrages et des jeux pédagogiques qui contribuent à mettre en œuvre ces orientations. Issus de pratiques professionnelles et sociales, ils sont au service de tous ceux qui s'efforcent de mieux comprendre le monde.

Chacun pourra s'approprier ces outils et les utiliser, tant pour son développement personnel que pour une action collective efficace.

Pour plus d'informations
www.chroniquesociale.com

Couverture : collection de l'auteur

Responsable des Éditions : André Soutrenon

Correction : Gérard Briotet

Imprimeur : Sepec

Chronique sociale, Lyon, Dépôt légal : décembre 2009

Imprimé en France

Gil Mozzo

Formes et couleurs

... Pour jouer avec vos enfants et petits-enfants

Savoir communiquer

l'essentiel

Chronique Sociale
7, rue du Plat - 69002 Lyon
Tél. : 04 78 37 22 12

Publications de l'auteur

Technique de détermination de la relation optimale variable/propriétés dans un procédé ou une composition.
Fascicule de brevet européen. n° 0 430 753 B1
Date de dépôt : 1990,

Optimization of process/property/compositional parameters
United States Patent 5,218,526
Date of Patent : Jun.8, 1993,

Plan quadratique gigogne
Revue de Statistiques Appliquées, 1990,

Plan d'expériences séquentiel à symétrie évolutive
Colloque Optimisation et plans d'expériences, CNAM, 27-28 juin 1995.

Un nouveau pavage apériodique
Tangente n°99, juillet-août 2004.

Triangles à foison : les puzzles polymorphes
Bibliothèque Tangente, Hors Série n°24, Le Triangle, Éditions POLE, 2005

Polymorphic 6 - Polymorphic 12- Polymorphic 16
2006 IPP Puzzle Design Competition http://www.puzzleparty.org/

INPI numéros de publication 774 090 à 774 094
Bulletin Officiel de la Propriété Industrielle 06/04 du 24 février 2006

Pavage apériodique par un pavé bicolore
Tangente n°116, mai-juin 2007

Formes et couleurs

à Françoise, mon épouse ....qui a joué le jeu
à nos enfants : Laurent, Anne, François,
Denis, Blandine
et à nos petits-enfants : Naoufel, Shanti, Joseph
Noé, Zélie, Thomas
Raphaël, Théotime, Lou
Camille, Coline
à nos nombreux amis qui nous ont sollicités et
encouragés,
à Alain Zalmanski
qui a bien voulu nous faire profiter de ses
talents pour l'écriture de la préface.

Préface

On ne sait ce qui doit être le plus apprécié dans l'ouvrage que je vous présente : la créativité et l'agilité d'un esprit quasi mozartien, l'ingéniosité dans la réalisation des splendides découpages qui, à la manière du Tangram, sont susceptibles de donner naissance à toutes sortes de figures géométriques ou même à un véritable zoo de figures animales stylisées, enfin l'attention vis-à-vis des plus fragiles, aux bénéfices de ses petits-enfants et des enfants malgaches, voire mozabites ou amazoniens[1].

Mais je me suis vite rendu compte que c'est la passion qui caractérisait le travail de ce vieil ami dont vous aurez à découvrir le nom dans les lignes qui précèdent : passion du jeu, mathématique ou littéraire mais aussi de la transmission du savoir et du partage. Et cette passion est mise au service d'une pédagogie ludique et efficace qui dénote un immense amour pour les autres, particulièrement pour les enfants, et en premier lieu ses propres petits-enfants.

Heureux grand-père qui peut créer puzzles et casse-tête et démontrer aux petits enfants que nous sommes, que le jeu est le propre de l'homme.

Heureux petits-enfants de posséder un grand-père sachant leur enseigner langues, mathématiques ou sciences et les entraîner à de multiples découvertes à partir de jeux originaux, variés et intelligents.

Merci à Gil et à Françoise pour leur engagement si profond, dans leur vie familiale « élargie » comme à Madagascar, et sans lequel ce livre n'aurait pu voir le jour.

Alain Zalmanski[2]

1. J'ai soigneusement caché, à deux reprises, le nom de l'auteur dans les lignes qui précèdent.

2. www.fatrazie.com

Introduction

• Le déclic

Tous jeunes retraités, nous sommes partis, Françoise et moi, en 2001 à Madagascar, pour y travailler alors comme bénévoles dans un orphelinat situé à Antananarivo.

Lors de ce premier séjour d'une année nous y avons découvert combien étaient démunis ces enfants qui nous étaient confiés, et tout particulièrement pour ce qui concerne les jeux.

Or l'orphelinat disposait d'un atelier bois fort bien équipé... mais fort peu utilisé. Dans mes temps libres j'y avais accès et j'ai commencé à fabriquer des jeux en bois, ceux que je connaissais. Ils étaient absolument magnifiques car j'utilisais, pour les faire, des chutes de palissandre qui, sans mon intervention, auraient servi comme d'ordinaire à faire cuire le riz...

Et puis, comme vous le savez, en manipulant, les idées viennent au bout des doigts... et j'ai inventé des jeux inédits, notamment des jeux de société. Le soir, après la fin de l'école, nous jouions avec un petit groupe d'élèves malgaches dont nous avons appris le langage relatif au jeu : « *tsara be* » (très bien) ou « *tsy mety* » (cela ne convient pas), etc. Les enfants étaient ravis et quel bonheur d'apprendre que lors d'une enquête effectuée par des *vazaha*[3] (les blancs, européens) les enfants avaient répondu que les jeux qu'ils préféraient étaient ceux de monsieur « Jules » (comprenez Gil, bien sûr, il convient de transcrire : les prononciations des phonèmes ne sont pas les mêmes en français et en malgache).

• La première application : le français, langue étrangère

Un des premiers jeux que j'ai réalisé en de nombreux exemplaires est celui en trois dimensions, créé en 1936 par Piet Hein (1905-1996), et connu sous le nom de SOMA cube. Devant la difficulté de mémoriser les 240 façons d'assembler les 7 pièces qui le composent, j'avais imaginé d'associer à chacune des pièces un objet ou un animal ou encore un personnage, puis de créer différentes histoires les mettant en jeu.

Comme j'étais aussi en charge de cours de français pour des jeunes filles qui avaient beaucoup de difficultés à s'exprimer, j'avais pensé utiliser ce support comme outil pédagogique : je racontais une histoire, tout en mon-

3. La langue malgache ne connaît ni genre ni nombre. Le mot Vazaha exprimera, selon le contexte, le féminin ou le masculin et également le singulier ou le pluriel. J'ai conservé l'orthographe malgache.

trant la façon de construire le cube. Parfois c'était Françoise qui racontait, différemment. Les élèves mémorisaient l'enchaînement des séquences, puis, chacune à son tour racontait la même histoire… au présent, au passé, au futur proche.

À la fin de l'année scolaire je leur ai demandé de trouver en groupe une autre façon d'assembler les 7 pièces du cube et d'inventer une histoire pour en mémoriser la construction. Elles ont réussi ! ravies d'elles-mêmes !…en français bien sûr… mais le sujet était la réunion des animaux à *Tsimbazaza*[4]… bel exemple d'acculturation.

Deux ans plus tard nous étions cette fois à Fianarantsoa et cette méthode d'alphabétisation a été modifiée et développée par Michel Montluc qui, dans le cadre du Ministère des affaires étrangères, avait en charge le soutien scolaire dans les CLEF (Centres Locaux d'Echanges Francophones).

4. Parc botanique et zoologique d'Antananarivo.

Chapitre 1

Vue d'ensemble

Voici le récit résumé de son expérience que vous trouverez décrite plus en détail en annexe, et où vous découvrirez un exemple illustré d'histoire à raconter :

> *« L'utilisation du cube conteur dans la recherche action à Fianarantsoa dans le cadre du projet Appui au bilinguisme est née d'une rencontre entre Gilles Mozzo et le coordonnateur du projet sur la province de Fianarantsoa »*
> *« Lieu d'expérimentation : les CLEF.*
> *Objectif : favoriser la prise de parole des « enfants » des CLEF.*
> *Public cible : les enfants fréquentant le CLEF.*
> *Produit attendu : fiche d'utilisation du cube conteur à destination des animateurs CLEF.*
> *Equipe et partenaires impliqués : formateurs de la DREN de la Haute Matsiatra, Professeurs de français au lycée RR et de l'Université de Tuléar.*
> *État des lieux: la prise de parole n'est pas facile pour les enfants en classe et dans les CLEF.*
> *Problématique: quel outil permettrait de débloquer la prise de parole de ces enfants.*
> *Outil trouvé: le cube conteur.*
> *C'est un puzzle constitué de 7 pièces de formes différentes qu'on peut assembler de diverses façons pour obtenir un cube. Cet outil s'appuie sur le principe du « kitantara ». Ainsi, lorsqu'on pose une pièce on prononce une ou plusieurs phrases d'une histoire. Cette dernière se termine par la réalisation du cube.*
> *Cet outil peut donc être utilisé dans les CLEF pour faire parler les enfants. »*
> *Michel Montluc*

• L'évolution : l'extension aux amis vazaha de Madagascar

Nous étions un peu paumés à Antananarivo… surtout le dimanche où aucune activité n'était programmée. Quelle surprise heureuse et quel inattendu bonheur d'avoir rencontré alors la famille Dhainaut (Français expatriés dans l'Île Rouge). Ils nous ont accueillis… et ont été les premiers « bénéficiaires » des jeux récemment créés : nous n'avions rien d'autre pour les remercier de leur chaleureuse hospitalité. Après la crise malgache de 2002 nous avons dû quitter Madagascar et nous les avons retrouvés… à l'Île Maurice. De nouveaux jeux sont apparus. Voici ce qu'en dit quelques années plus tard leur fille aînée.

« Bouts de bois animés
En palissandre, colorés,
Semeurs de joie et de gaieté,
Devant vous, je restais éberluée
Par le défi à relever,
Les Dhainaut, vous régaliez
Sur l'Île Rouge vous êtes nés
Des mains de Gil, notre ami préféré »
Marie-Sophie Dhainaut

• Quant aux parents, ils ont trouvé une autre application… inattendue :

« Nos amis seniors connus à la paroisse d'Ankadivato sont exceptionnels ; nos rencontres dans un premier temps les samedis soir à la messe nous ont permis de nous connaître et de chanter ensemble, puis plus souvent à Ambodivoanjo autour d'une bonne table familiale : animé par des jeux colorés fabriqués par Gil : le jeu des triangles de couleurs passionnait les enfants… et les parents aussi.
Une fois posé, le puzzle terminé pouvait représenter un beau tableau - ce qui plaisait aux enfants c'était la diversité de chaque jeu et le tableau final bien sûr aussi toujours différent.
Puis par la suite le jeu des cubes avec le livre d'histoires adaptées qui permet de reconstituer les minis cubes - tout simplement Géniale l'idée !
Camille inventait à son tour des histoires pour se mémoriser l'ordre de construction.
Encore aujourd'hui quand nous avons des invités, entre la poire et le fromage, les cubes animent la tablée.
Depuis 4 ans nous sommes ici en Tunisie, à la direction d'une société de 200 personnes, spécialisée dans la fabrication du prêt à porter haut de gamme femme :
- les cubes nous servent souvent de test de sélection pour des embauches
Les critères comme l'écoute - la concentration - la réactivité - recherchés pour des cadres ou agent des méthodes - cela donne un côté original à l'entretien.

Claudine et Pascal Dhainaut

• L'aspect mathématique

À Antananarivo, il n'était pas question de sortir le soir et il fallait bien occuper ses soirées. Nous avions acheté d'occasion un petit ordinateur portable : Françoise lui confiait ses mémoires, quant à moi je tentais de formaliser et d'optimiser ce vers quoi mes doigts, au contact du bois, m'avaient conduit pour ce qui concerne la création de formes.

C'est donc à Antananarivo que j'ai écrit, entre autres choses, mes projets de publication que j'ai envoyés à la revue Tangente qui les a acceptés puis publiés en temps opportun[5].

Il est intéressant de voir que sous les jeux se cachent des mathématiques pour lesquelles, en annexe, le lecteur trouvera quelques compléments. Ils seront volontairement limités à des travaux inédits car, de mon point de vue, il est inutile de traiter ici des questions qui sont déjà abondamment développées sur Internet, et qui le sont de manière satisfaisante, comme par exemple les notions de combinaisons, de permutations, de carrés latins, d'orthogonalité, de nombre d'Or... etc.

• Les jeux avec nos petits-enfants

Une fois rentrés en France j'ai offert à nos petits-enfants quelques-uns des jeux de société que j'avais imaginés et le succès a été tel que je me suis senti encouragé à poursuivre la mise au point de nouveaux jeux. J'ai refait le tour de mes connaissances mathématiques acquises tant dans le secondaire qu'en études supérieures... et je leur ai donné des couleurs. La conjugaison de ces deux domaines : formes géométriques simples et couleurs m'a conduit à la mise au point de jeux inédits. Les petits-enfants en ont profité. Voici ce qu'en dit l'un d'eux.

> « Le premier jeu que Papagil nous avait offert était le « Tricoter ». Il nous a appris à y jouer. Maintenant nous jouons plutôt avec « Factorielle 5 » car il faut plus de logique et d'expériences. Ces deux jeux fonctionnent à peu près pareil et, à la fin, on peut observer différentes formes et imaginer des animaux ou bien des objets. Ces jeux nous instruisent et font réfléchir en s'amusant. »
>
> *Shanti (13 ans)*

• L'extension à la famille élargie

Les réunions familiales sont bien sûr l'occasion de jouer entre cousins. C'est notamment ce que nous avons souvent fait avec la famille Ghisgant.

5. «Un nouveau pavage apériodique» *Tangente,* n° 99, juillet-août 2004.
«Triangles à foison, les puzzles polymorphes». *Bibliothèque Tangente,* Hors-série n° 24. p138-141,

« Une occasion pour se retrouver ensemble autour de la table. Nos enfants, aujourd'hui 7 et 9 ans, ont grandi avec les jeux de Gil ! À chaque nouvelle retrouvaille, ils se réjouissent de découvrir de nouvelles inventions.
Passionnant ! Un vrai challenge pour tous les âges.
Jacques, leur papa, a passé des heures sur le pavage en birouleau… à chercher toutes les alternatives… »

J.Ghisgant

• Les jeux de nos amis avec leurs petits-enfants

Nous avons été à la fois sollicités et soutenus par les amis qui venaient chez nous et à qui nous faisions découvrir nos jeux. Les invitations en retour étaient l'occasion d'offrir un jeu dont nous savions qu'il serait apprécié et parfois utilisé aussitôt par les petits-enfants présents, ce qui leur offrait l'occasion d'échapper au long rituel du repas des adultes, comme chez Denise Perrot : fondatrice de l'École des grands-parents européens[6].

6. www.egpe.org

« Pourquoi une école de grands-parents qui vit à LYON depuis dix ans et que l'on nomme EGPE ?
- pour apprendre à savourer le bonheur d'être ensemble avec nos petits-enfants,
- pour partager leurs différents apprentissages, leurs loisirs, leurs jeux,
- jouer ensemble avec d'autres ou en famille ; tous âges et toutes générations confondus.
Voici ce qu'a favorisé Gilles en nous offrant son « CUBE CONTEUR » un matériel simple et esthétique, 7 pièces en un bois agréable au toucher qu'il faut déjà bien regarder et puis, monter, démonter, réfléchir et recommencer
solliciter l'adulte mais aussi quand il est en panne l'aider à poursuivre sa construction
ma parole de grand-mère « ce cube est un rassembleur intergénérationnel « et je vous assure que pour quelques heures
il fait oublier télé et ordinateur ! »

Denise Perrot

Chez nos amis Barriac, habitués à jouer avec leurs petits-enfants, la découverte de nouveaux jeux a été appréciée.

« Jouer, en famille ou avec des amis : le plaisir d'être ensemble, pour vivre des moments d'échanges ou de silence, avec pour cadre les règles du jeu en cours et la satisfaction, sinon d'être le meilleur, du moins d'avoir bien fait fonctionner son intellect et réussi à tirer son épingle du jeu ; chacun vit ces instants à sa manière : souriant, boudeur, réfléchi, inventif, attentif, tacticien... mais quel que soit le résultat du jeu la relation d'affection ou d'amitié reste primordiale.
Dans cette optique, tout nouveau jeu présente un réel attrait pour petits et grands; c'est ainsi que la découverte du « Tricoter » a suscité l'enthousiasme de tous. Les plus jeunes, ensemble ou en solitaire (4 ans), ont fait preuve de beaucoup d'imagination et de persévérance pour dérouler sa construction et les grands se sont essayés au 76 pièces : attrait des coloris, observation, attention aux formes colorées dessinées par les pièces, renouvellement permanent des combinaisons... en font une distraction inédite et passionnante »

Jean-Louis Barriac

Puis l'idée m'est venue, en vue d'une diffusion plus large par Internet, de réaliser ces jeux avec PowerPoint. Certains amis ont apprécié cette initiative et ont fait jouer à l'ordinateur leurs petits-enfants, parfois très jeunes comme le montre l'exemple de la grand-mère de Zoé

« Zoé en vacances de Noël à la maison avait eu 8 ans fin novembre et pas encore touché un ordinateur. Elle aime jouer et a l'esprit curieux. Ensemble nous faisons depuis déjà presque deux ans des jeux de cartes et depuis peu des lotos et des puzzles.
Cette année, je lui ai proposé de faire ton puzzle 1er niveau sur l'ordinateur. Quelle joie !
D'autant plus qu'elle m'a assez vite donné la bonne solution. J'y suis arrivée, s'est-elle exclamée ! Alors je lui ai proposé de te remercier et c'est ainsi que pour la première fois de sa vie, elle t'a envoyé ce message: cher Gil, j'ai fait et réussi le puzzle, merci. Zoé
Je lui ai dit alors que tu en avais d'autres et que tu lui en enverrais.
Alors double merci m'a-t-elle dit. Alors pour toutes ces petites mais si importantes joies quotidiennes, un grand merci à toi. »

Claude André

• L'évolution : les Enfants du Soleil

Après deux années passées à Madagascar nous avons décidé de laisser la place aux jeunes et désormais ce n'est plus notre temps que nous donnons mais nos expériences et nos idées.

C'est ainsi que nous avons donné gratuitement à l'association « Les Enfants du Soleil[7] » dont nous faisons partie, l'ensemble de nos connaissances concernant les jeux.

Voici à ce sujet le témoignage de Jean Mura, responsable de l'antenne Rhône-Alpes.

> « Les enfants des rues que nous recueillons ont pour la plupart des retards scolaires et des troubles affectifs.
> Pour pallier ces handicaps nous avons entre autres développé un certain nombre d'activités d'éveil dont la fabrication des jeux appelés TELOMINO. (en malgache 3 se dit : telo)
> La fabrication de ces derniers favorise le développement de :
> - l'agilité manuelle par l'utilisation de scies à chantourner,
> - la notion de dimension et de précision par l'usage de gabarits de tolérance,
> - du goût de l'esthétique par le choix et la préparation des couleurs,
> - de l'importance du travail bien fait.
>
> En outre cette activité leur fait prendre conscience que leur travail peut être valorisé lors d'expositions/ventes pendant des journées portes ouvertes.
> Ces jeux sont appelés à être diversifiés et stimuleront leur imagination et leur créativité »
>
> *Jean Mura*

• L'évolution : la compétition

En 2006 j'ai présenté trois puzzles à la compétition annuelle qui a lieu chaque année aux États-Unis[8]. Il est intéressant d'examiner le site Web qui lui est consacré et de voir ainsi combien le jeu fait partie profondément de la nature humaine. Encourageant... même si je n'ai pas remporté de trophée.

La même année Alain Zalmanski a retenu un de mes puzzles pour le présenter et le diffuser à une centaine d'exemplaires à l'*International Puzzle Party* qui avait lieu cette année-là à Boston. La réalisation qu'il a choisi de faire est en polymétacrylate de méthyle. Les pièces sont découpées au laser, ce qui assure une excellente précision... bien supérieure à celle de mes petits bouts de bois découpés à la scie à onglets.

• La synthèse : une sélection de 10 jeux

Au terme de quelques années de réflexion, d'essais et de réalisations, je n'ai conservé qu'une dizaine de jeux. D'autres jeux, tenant plus du casse-

7. *Les Enfants du Soleil :* http://les-enfants-du-soleil-madagascar.org

8. http://www.puzzleworld.org/DesignCompetition/

tête que du jeu de société, ont été écartés, malgré leur intérêt dans d'autres domaines.

Les jeux « choisis » et présentés ici possèdent une **structure gigogne** (ce qui veut dire que vous pourrez partir d'un jeu élémentaire comportant peu d'éléments, pour arriver à un jeu de plus en plus riche), ce qui incite, après avoir joué avec une version simple de départ à la compléter par d'autres éléments.

Leur **réalisation** est **aisée** : ces jeux sont fabriqués en découpant des cartons épais, (comme les couvertures des classeurs de couleur, d'épaisseur supérieure à 2 mm, que l'on trouve à un prix modique en grandes surfaces) ou bien ils sont réalisés en bois dont il existe de nombreuses présentations commerciales à prix modique : frisette, contreplaqué, lamelles de plancher… etc. parmi lesquelles on choisira l'épaisseur convenable en fonction de l'outillage dont on dispose.

Les enfants peuvent, bien sûr, contribuer à leur fabrication en suivant les planches en couleurs qui indiquent les différentes pièces à colorier, ou plus simplement les emplacements sur lesquels il convient de coller des gommettes : voila une belle activité de vacances !

Enfin certains de ces jeux, ceux parmi les plus simples quant au nombre de pièces et au nombre de couleurs, conviennent à leur création sur ordinateur en utilisant PowerPoint.

Le tableau qui suit indique de façon synthétique quels sont ces différents jeux.

Nous les décrirons de façon détaillée dans les chapitres suivants.

• Mais au fait pourquoi jouer ? et que dit-on du jeu ?

Les cinq citations qui suivent ont été recueillies et publiées par Le Robert[9]… elles sont à méditer, chacune livrant un aspect humain de la réalité du jeu.

« Or je dis que l'effet principal du jeu, et qui le met au rang des institutions les plus précieuses, c'est qu'il force les hommes à se regarder » (Joseph de Maistre)

« Si terrible que soit la vie, l'existence de l'activité créatrice sans autre but qu'elle-même suffit à la justifier. Le jeu, évidemment, paraît, au premier abord, le moins utile de nos gestes, mais il en devient le plus utile dès que nous constatons qu'il multiplie notre ferveur à vivre et nous fait oublier la mort » (Elie Faure)

« Arrêter de jouer, c'est arrêter de vivre » (Marilene Felinto)

---

9. «Le Robert», *Dictionnaire de citations françaises* et *Dictionnaire de citations du monde entier*, 2005.

« L'enfant qui ne joue pas n'est pas un enfant, mais l'homme qui ne joue pas a perdu à jamais l'enfant qui vivait en lui et qui lui manquera beaucoup » (Pablo Neruda)

« Les hommes qui ne savent pas jouer me font peur » (Attila József)

D'autres sources (cf. : Internet) nous apportent un autre éclairage, comme par exemple :

« Chaque enfant qui joue se conduit comme un écrivain, dans la mesure où il crée un monde à son idée, ou plutôt arrange ce monde d'une façon qui lui plaît… Il joue sérieusement. Ce qui s'oppose au jeu n'est pas le sérieux, mais la réalité. ». (Sigmund Freud)

« On peut en savoir plus sur quelqu'un en une heure de jeu qu'en une année de conversation » (Platon)

Armen Tarpinian[10], quant à lui, nous indique que « La survalorisation du travail scolaire fait commettre, envers l'enfant, la pire injustice qui soit : **la négligence du jeu**. »

10. Armen Tarpinian, *Vivre s'apprend*, Chronique Sociale, 2009.

• Vue d'ensemble des différents jeux

Symbole	Nom	Stades successifs				
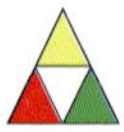	Tricoter	3 couleurs 13 pièces	4 couleurs 24 pièces	5 couleurs 45 pièces	6 couleurs 76 pièces	7 couleurs 119 pièces
	Puzzle polymorphe rectangulaire à 2 tailles	Taille 4 6 pièces	Taille 5 10 pièces	Taille 6 16 pièces	Taille 7 26 pièces	Taille 8 42 pièces
	Puzzle polymorphe rectangulaire à 3 tailles	Taille 4 *Impossible*	Taille 5 8 pièces	Taille 6 12 pièces	Taille 7 20 pièces	Taille 8 32 pièces
	Puzzle polymorphe quasi carré 2 tailles	Taille 4 *Impossible*	Taille 5 8 pièces	Taille 6 12 pièces	Taille 7 20 pièces	Taille 8 32 pièces
	Puzzle polymorphe quasi carré 3 tailles	Taille 4 *Impossible*	Taille 5 6 pièces	Taille 6 10 pièces	Taille 7 16 pièces	Taille 8 26 pièces
	Carré latin	3 couleurs 9 pièces	4 couleurs 16 pièces	5 couleurs 25 pièces	6 couleurs 36 pièces	7 couleurs 49 pièces
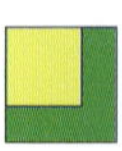	Carré gréco-latin	6 couleurs 9 pièces	8 couleurs 16 pièces	10 couleurs 25 pièces	*Impossible*	14 couleurs 49 pièces
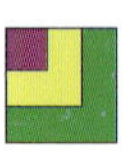	Carré arabo-gréco-latin	*Impossible*	12 couleurs 16 pièces	15 couleurs 25 pièces	*Impossible*	21 couleurs 49 pièces
	Carrés quadricolores Puzzles en birouleau	5 couleurs Puzzle à 16 pièces 4X4	5 couleurs Jeu complet 30 pièces	6 couleurs Puzzle à 24 pièces 4X6	6 couleurs Puzzle à 30 pièces 5X6 etc.	6 couleurs Jeu complet 90 pièces
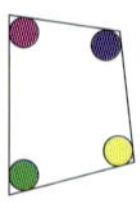	Factorielle 5 Puzzles en birouleau	4 couleurs Puzzle à 4 pièces 2X2	5 couleurs Puzzle à 16 pièces 4X4	5 couleurs Puzzle à 36 pièces 6X6	5 couleurs Puzzle à 64 pièces 8X8	5 couleurs jeu complet 120 pièces

N.B. : pour les carrés arabo-gréco-latin le caractère gigogne est inexistant

Chapitre 2

Jeux à base de triangles équilatéraux

Alain Zalmanski[11] a décrit la première version de ce type de jeu appelé Trioker, proche des dominos, inventé par Marc Odier, professeur de médecine à Amiens. À l'origine le jeu ne comportait que 24 pièces. On en trouve actuellement dans le commerce d'autres versions comportant 56 pièces, voire 76 pour un jeu complet mettant en œuvre 6 marques distinctives sur les sommets des triangles équilatéraux.

Nous avons choisi quant à nous d'adopter les couleurs comme signes distinctifs et de proposer une démarche gigogne. Voilà une belle activité de vacances avec nos chers petits.

Règle du jeu

1. Le jeu est constitué de grands triangles équilatéraux sur lesquels sont peints 3 petits triangles équilatéraux. Le nombre de pièces différentes qui constituent le jeu est fonction du nombre de couleurs utilisées pour colorier les triangles.

Exemple

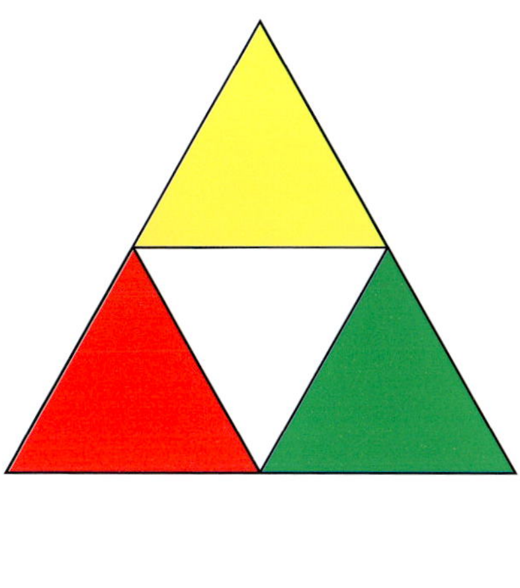

11. «Le Trioker» *Bibliothèque Tangente*, Hors-série n°24, p.142-143.

Nombre de couleurs	3	4	5	6	7
Triangles monocolores	3	4	5	6	7
Triangles bicolores	6	12	20	30	42
Triangles tricolores	2	8	20	40	70
Nombre total	11	24	45	76	119

2. On choisit le nombre de couleurs, et donc le nombre de pièces avec lesquelles on va jouer. (On peut par exemple avec des petits-enfants commencer par un jeu simple comportant un faible nombre de pièces, puis passer ensuite à un jeu plus compliqué.)
3. Les joueurs sont au nombre de 2 ou 3 ou 4 ou 5 ou 6 suivant le nombre de pièces qui a été retenu pour le jeu. On répartit les pièces entre les joueurs en laissant quelques pièces pour la pioche. (Par exemple 16 pièces pour un jeu de 76).
4. Les joueurs disposent sur la table leurs pièces de façon visible pour les autres joueurs.
5. Le premier joueur met la première pièce de son choix au centre de la table.

Exemple de début de partie (deux premières pièces)

6. Le deuxième joueur doit choisir dans son jeu une pièce lui permettant de mettre face à face deux côtés comportant exactement les mêmes deux couleurs, comme le montre la figure de début de partie ci-dessus.
7. Le troisième joueur poursuit de façon analogue.
8. Celui qui a réussi à terminer un hexagone a le droit de jouer une deuxième fois. (Cette règle est valable même si l'hexagone est contigu à d'autres pièces.)

Exemple avec 5 couleurs
Assemblage de 6 pièces

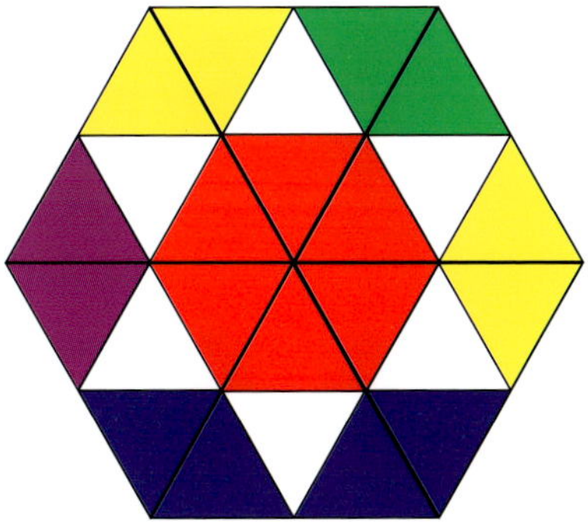

Remarque : chaque pièce étant unique, une seule pièce peut permettre de terminer un hexagone (sauf bien sûr si elle a déjà été jouée ailleurs), de sorte qu'on peut décider de la jouer plus tard sans crainte de voir sa place prise par un autre joueur.[12]

9. Si un joueur ne dispose pas d'une pièce nécessaire à la poursuite du jeu, il doit piocher une seule fois, puis jouer, si cela lui est possible, la pièce qu'il a tirée.
10. Le premier gagnant est le joueur qui a épuisé en premier toutes ses pièces.
11. Le deuxième gagnant est celui qui en deuxième a terminé de jouer... etc.

• Choisir les pièces de son Tricoter

Il est possible de choisir la **nature** et donc le **nombre** de pièces avec lesquelles on désire jouer.

Le jeu commence alors par un tri des pièces à partir de l'ensemble des 119 pièces différentes constituant le jeu complet à 7 couleurs.

Cette possibilité est intéressante si l'on joue avec des enfants : ils vont apprendre à choisir en utilisant soit la fonction **et**, soit la fonction **ou**.

12. Une de mes petites-filles, Shanti, a trouvé toute seule cette règle à 9 ans. Alors que je lui disais : « joue, tu as la pièce qui convient », elle m'a répondu « mais je ne suis pas pressée, PapaGil, tu m'as dit que les pièces du jeu étaient uniques... personne ne peut prendre ma place, je jouerai quand je voudrai ! ».

Fonction et	Nombre de pièces	Fonction ou	Nombre de pièces
1 seule couleur exemple : rouge uniquement	1	1 seule couleur. Exemple : toutes les pièces avec du rouge	43
2 couleurs exemple : rouge **et** bleu	4	2 couleurs. Exemple : toutes les pièces avec du rouge **ou** avec du bleu	74
3 couleurs exemple : rouge **et** bleu **et** jaune	13	3 couleurs. Exemple : toutes les pièces avec du rouge **ou** du bleu **ou** du jaune	95
Combinaisons trois par trois de 4 couleurs (rouge **et** bleu **et** jaune **et** vert)	24	4 couleurs. Exemple : toutes les pièces avec l'une **ou** l'autre des 4 couleurs	106
Combinaisons trois par trois de 5 couleurs (rouge **et** bleu **et** jaune …etc.)	45	5 couleurs. Exemple : toutes les pièces avec l'une **ou** l'autre des 5 couleurs	115
Combinaisons trois par trois de 6 couleurs (rouge **et** bleu… etc.)	76	6 couleurs. Exemple : toutes les pièces avec l'une **ou** l'autre des 6 couleurs	118
Combinaisons trois par trois de 7 couleurs (rouge **et** bleu… etc.)	119	7 couleurs. Exemple : toutes les pièces avec l'une **ou** l'autre des 7 couleurs	119

D'autres possibilités existent encore : par exemple les seules pièces monocolores, ou les seules pièces bicolores… etc.

• **Réalisation du jeu à 3 couleurs**

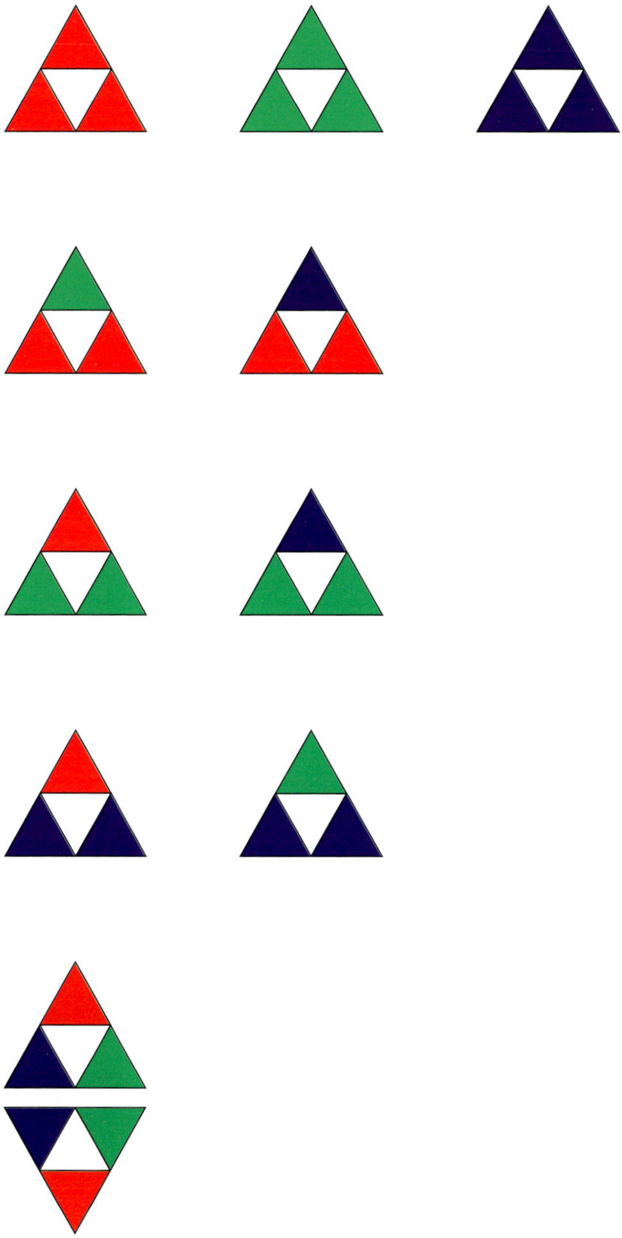

Au total : nous disposons de 11 pièces différentes

• Complément pour le jeu à 4 couleurs

Nous ajoutons les 13 pièces suivantes

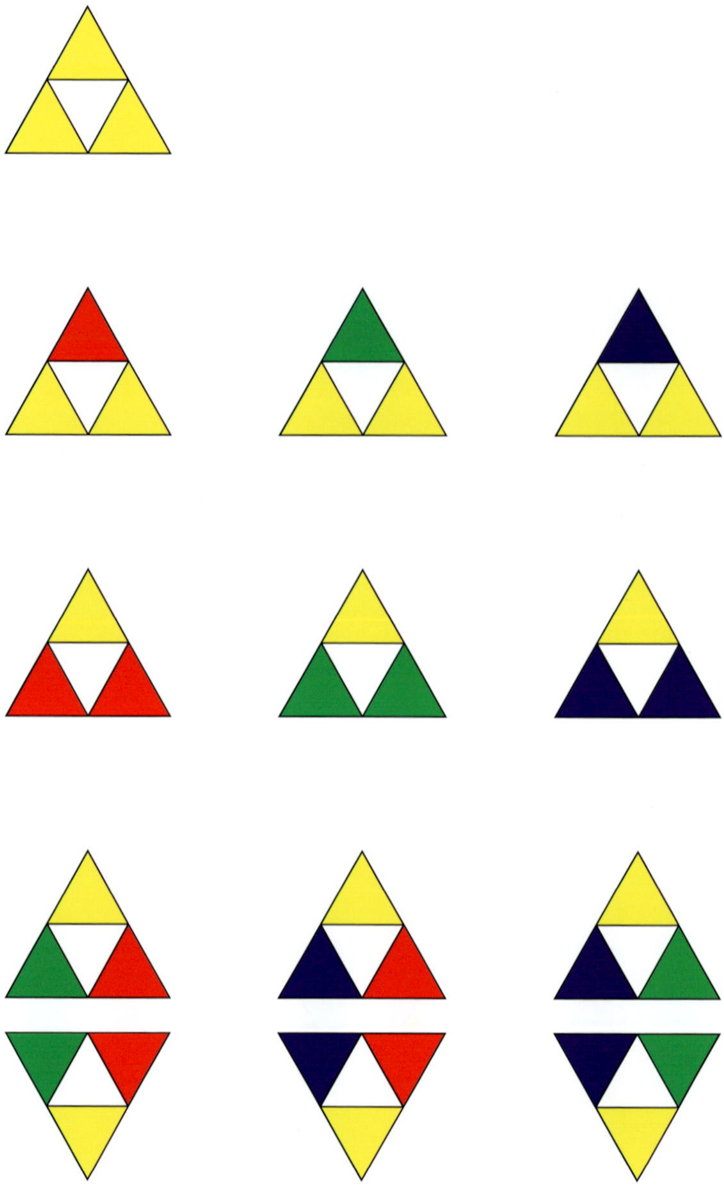

Au total nous disposons de 24 pièces différentes

• Complément pour le jeu à 5 couleurs

Nous ajoutons les 21 pièces suivantes

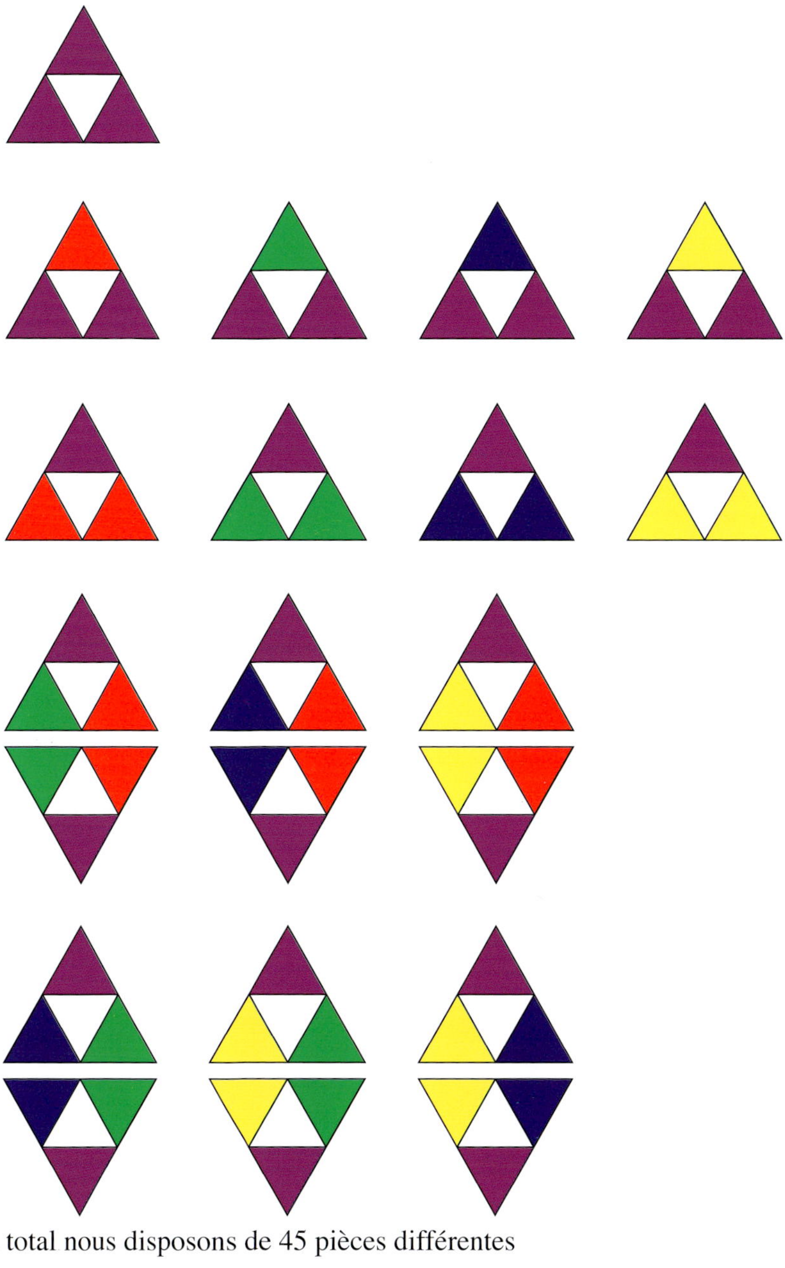

Au total nous disposons de 45 pièces différentes

• Complément pour le jeu à 6 couleurs

Nous ajoutons les 31 pièces suivantes

Au total nous disposons de 76 pièces différentes

• Complément pour le jeu à 7 couleurs

Nous ajoutons les 43 pièces suivantes

Au total nous disposons de 119 pièces différentes

• Variante

En adoptant deux supports de couleurs différents pour la réalisation du jeu, il devient possible de doubler le nombre de pièces indiqué plus haut. (et d'obtenir un aspect plus esthétique)

La règle du jeu est modifiée et devient

« Le deuxième joueur doit choisir dans son jeu une pièce lui permettant de mettre face à face deux côtés comportant exactement les mêmes deux couleurs, mais à la condition que le support soit différent. »

Exemple de début de partie avec deux supports (deux premières pièces)

Exemple avec 5 couleurs et deux supports de couleurs différents

Chapitre 3

Jeux à base de deux triangles rectangles

(puzzles inscrits dans un rectangle)

Les deux triangles rectangles utilisés dans ce jeu présentent une caractéristique bien particulière : ils font partie des triangles que nous pouvons qualifier d'harmoniques (voir à ce sujet l'annexe intitulée : **« Du triangle équilatéral au nombre d'Or »).**

Pour chacun de ces triangles le rapport entre l'hypoténuse et le grand côté est ici égal à 1,272 approximativement.

Le rapport entre le grand côté et le petit côté a la même valeur.

Taille 1 :

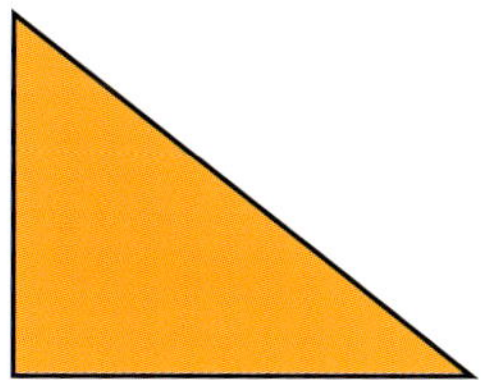

Taille 2 :

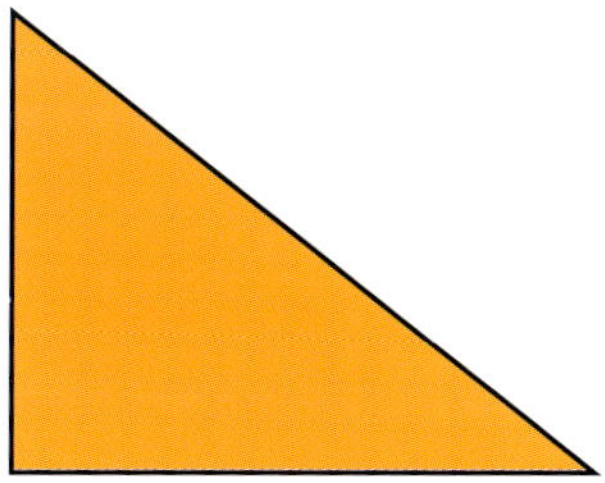

En assemblant la taille 1 et la taille 2, nous obtenons la taille 3, pour laquelle les rapports demeurent inchangés.

(Elle présentera le même aspect que les deux précédentes si nous la retournons avant de la réorienter.)

Taille 3 :

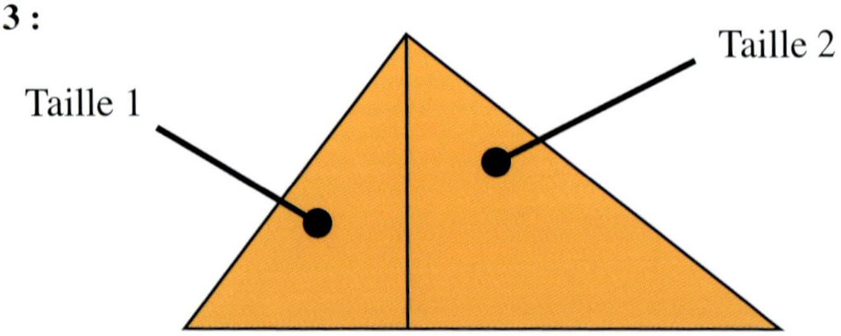

On voit que le grand côté de la taille 1 est égal au petit côté de la taille 2.

Le processus se répète à l'infini et permet de paver le plan de façon apériodique[13]... Mais nombreuses sont ses autres applications, notamment si nous avons recours aux couleurs. Nous en donnerons des exemples... mais le lecteur pourra imaginer d'autres formes d'applications.

• Différentes tailles

Le tableau qui suit indique le nombre de petits (taille 1) et de grands triangles (taille 2) utilisés pour passer aux triangles de tailles suivantes.

Taille du triangle	1	2	3	4	5	6	7	8	9	10
petits triangles	1	0	1	1	2	3	5	8	13	21
grands triangles	0	1	1	2	3	5	8	13	21	34
nombre total	1	1	2	3	5	8	13	21	34	55
rapport grands/ petits	0	infini	1	2	1,5	1,667	1,6	1,625	1,615	1,619

Le nombre de grands triangles est donné par la suite classique de Fibonacci[14] dont les deux premiers termes sont 0 et 1.

13. Op.cit. (c.f. note n°5).

14. «Chaque terme est la somme des deux précédents», Leonardo Fibonacci (1175-1240).

Celui des petits triangles suit quant à lui une loi analogue mais de premiers termes 1 et 0.

Le rapport entre les nombres respectifs de ces deux dimensions de triangles tend vers le nombre d'Or. (approximativement 1,618).

Exemple de puzzle : taille 7

En joignant par leurs hypoténuses deux triangles de même taille nous générons un puzzle rectangulaire. La figure qui suit montre la construction du seul premier triangle de taille 7

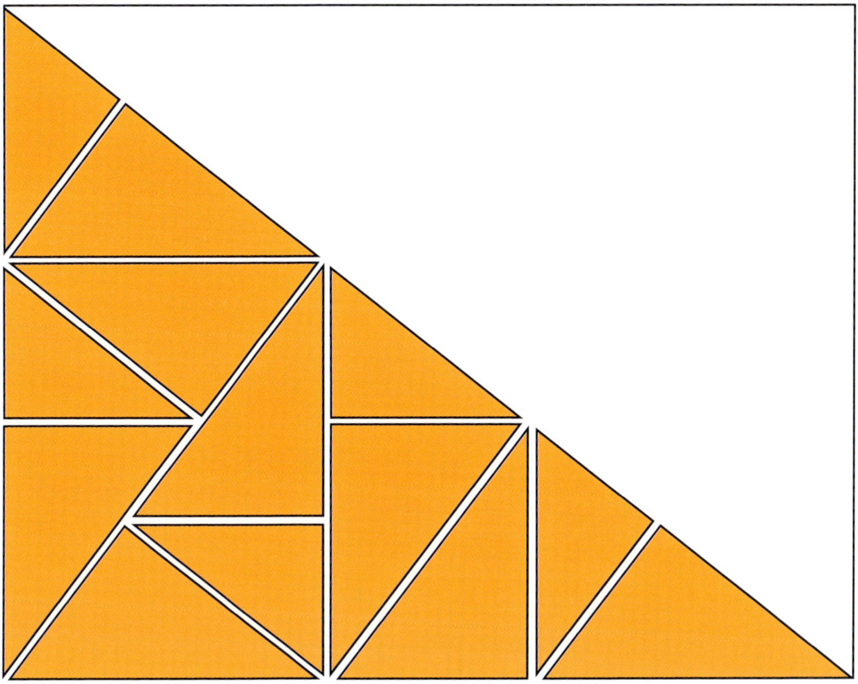

• Caractère polymorphe des puzzles : exemple avec la taille 6

Les triangles constitutifs d'un puzzle peuvent être agencés de différentes manières qui sont d'ailleurs difficiles à dénombrer de façon exhaustive : beau travail de topologie en perspective…

Par exemple dans le cas de la taille 6, j'en ai réalisé une trentaine.

Il serait fastidieux de les donner toutes, je me contente d'un seul exemple, celui qui nous resservira plus loin pour définir les puzzles quasi-carrés.

Ce puzzle est constitué de deux triangles de taille 6 soit 2X8 pièces.

Nous voyons apparaître de nouvelles formes : 4 papillons et une bande horizontale.

• Utilisation de différentes couleurs

Les puzzles que nous avons vus jusqu'à présent étaient monocolores. En utilisant différentes couleurs nous ouvrons la voie à des perspectives extraordinairement nouvelles et multiples.

Les petits-enfants auront de quoi s'amuser… et les parents de quoi imaginer.

Exemple avec 2 couleurs : toutes les pièces sont d'une couleur au recto et d'une autre couleur au verso. (D'un point de vue pratique nous pourrons nous contenter de coller une gommette sur une des faces… *en faisant attention à bien distinguer les triangles orientés à gauche de ceux orientés à droite !*).

Le jeu consiste à disperser complètement les deux couleurs : nous ne devons plus avoir deux **pièces voisines**, de même couleur, qui se touchent par un côté...

Disposition de départ : (la contrainte est de rester à l'intérieur du cadre !)

Blotties contre l'autre, toutes les belles mouettes s'envoleront quand reviendra la vaguelette.

N.B. : il s'agit encore de la taille 6

Amusez-vous à y retrouver le nombre d'Or, tant pour le rapport entre les dimensions que pour celui entre les surfaces. Est-ce de là que naît cette impression d'harmonie ?

...et voici la solution

**Les voici maintenant dispersées dans le ciel,
en ne se touchant plus que du bout de leurs ailes.**

...encore un autre agencement de la taille 6.

Il est à noter, pour ce qui concerne les couleurs, mais non les formes, que la structure est antisymétrique par rapport au centre : une pièce dorée a pour symétrique une pièce violette.

Chapitre 4

Jeux à base de trois triangles rectangles

(puzzles inscrits dans un rectangle)

Les jeux qui précèdent n'utilisent que deux tailles de triangles (nous les avons appelés taille 1 et taille 2). Il est également possible d'avoir recours à trois tailles successives (c'est-à-dire les tailles 1 et 2 et 3), et ceci à partir de la taille 5 pour le triangle à réaliser, sans pour autant perdre le caractère apériodique des pavages infinis dont une fraction constitue un puzzle de dimension finie.

Taille du triangle à réaliser	**5**	**6**	**7**	**8**	**9**	**10**
petits triangles (taille 1)	1	1	2	3	5	8
triangles moyens (taille 2)	2	3	5	8	13	21
grands triangles (taille 3)	1	2	3	5	8	13
nombre total	4	6	10	16	26	42

Le lecteur reconnaîtra des suites de Fibonacci : chaque valeur est la somme des deux précédentes (par ligne). Il pourra vérifier que le rapport entre le nombre de triangles de taille 2 et celui de taille 3 tend encore vers le nombre d'Or et qu'il en va de même pour le rapport concernant les tailles 3 et 1. Ceci montre le caractère apériodique du pavage.

Exemple : reprenons celui de la taille 6 que nous avons déjà bien examiné.

En mettant en œuvre trois tailles successives nous arrivons à la figure qui suit.

(Rappel : pour obtenir les effectifs des puzzles qui sont constitués de deux triangles, il faut multiplier par deux les effectifs donnés dans le tableau qui précède).

• Exemple de taille 6

Nous avons adopté une couleur sombre (violet) pour les tailles 1 et 3 et une couleur claire (orange) pour la taille 2, afin de permettre de mieux les distinguer.

• Utilisation des couleurs

Nous donnons ci-dessous un exemple utilisant deux couleurs pour un puzzle de taille 5 : au verso de chaque pièce se trouve l'autre couleur.

Le jeu consiste à retourner les 4 pièces d'apparence orange pour ne laisser visibles que les seules faces violette.

Il existe deux solutions, tout en restant dans le cadre de départ :

Chapitre 5

Jeux à base de deux triangles rectangles

(puzzles inscrits dans un quasi-carré)

À partir de la taille 5, si nous enlevons la frange inférieure que nous avons vue plus haut, il reste un quasi-carré : il a l'apparence d'un carré, mais en fait il s'agit d'un rectangle dont le rapport entre les côtés est voisin de 1,03. (Les grands côtés sont parallèles à l'axe horizontal).

Cette particularité se traduit, pour le joueur, par une difficulté inattendue : il devra découvrir cette caractéristique peu évidente pour parvenir à réaliser le puzzle.

Exemple : taille 6

Les effectifs des triangles qui remplissent les quasi-carrés sont les suivants

Taille du quasi-carré	5	6	7	8	9	10	11
petits triangles (taille 1)	4	4	8	12	20	32	52
grands triangles (taille 2)	4	8	12	20	32	52	84
nombre total	8	12	20	32	52	84	136

Exemple d'utilisation des couleurs : quasi-carré de taille 5

Au verso de chaque pièce se trouve la même couleur en plus foncée. Il faut faire apparaître la totalité des 8 couleurs, alors que nous n'en voyons au départ que 4.

La solution oblige à changer complètement de structure pour l'agencement des 8 triangles.

Chapitre 6

Jeux à base de trois triangles rectangles

(puzzles inscrits dans un quasi-carré)

De manière analogue à ce que nous avons fait pour les rectangles, nous pouvons mettre en jeu trois tailles successives.

Les effectifs des triangles qui remplissent les quasi-carrés deviennent

Taille du quasi-carré	5	6	7	8	9	10	11
petits triangles (taille 1)	2	2	4	6	10	16	26
triangles moyens (taille 2)	2	6	8	14	22	36	58
grands triangles (taille 3)	2	2	4	6	10	16	26
nombre total	6	10	16	26	42	68	110

Exemple avec 6 couleurs : taille 5

Au verso de chaque pièce se trouve sa couleur complémentaire (rouge-vert/jaune-bleu et blanc-noir). Il convient de faire apparaître la totalité des 6 couleurs, tout en restant dans le cadre, ce qui nécessite de retourner 3 pièces seulement.

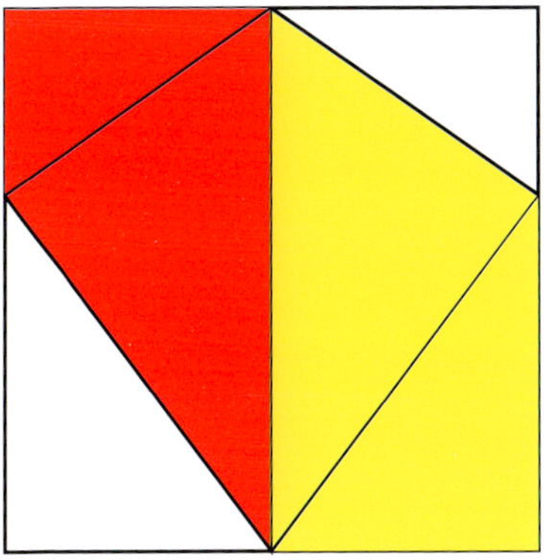

Vous pourrez constater que cela n'est pas facile !

Et voici la solution !

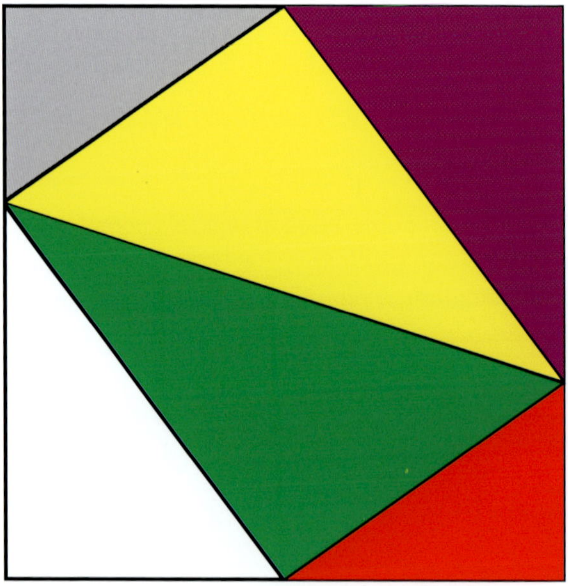

Rappel : il s'agit d'un rectangle ! Son grand axe est vertical sur cette figure. Le rapport entre le grand côté et le petit côté est égal à 1, 03 environ. (pour plus de précision : 1,0290855).

Tous ces exemples auront montré la richesse des puzzles polymorphes… nous arrêtons ici la présentation des possibilités, elles sont nombreuses… à vous d'en imaginer d'autres !

Chapitre 7

Jeux à base de carrés : carrés latins

Les carrés latins sont connus depuis l'antiquité. De nombreux sites Internet y font référence et donnent de précieuses indications à leur sujet.

Pour ce qui nous concerne nous nous limiterons à l'aspect ludique : **il s'agit tout simplement de mettre côte à côte des carrés de différentes couleurs avec une contrainte, celle de n'avoir qu'une seule couleur par ligne et aussi par colonne.**

(Les couleurs remplacent les lettres latines : **ABC**)

Nous commencerons par un carré 3 par 3

ABC

CAB

BCA

En changeant de place une ligne entière nous respectons toujours la contrainte, et il en va de même si nous changeons de place une colonne entière : les solutions sont donc nombreuses.

Remarquons que la forme carrée n'est pas obligatoirement requise : nous pouvons la remplacer par un autre polygone paveur. Voici par exemple ce que donne un quadrilatère quelconque.

Il nous est possible de faire encore appel à des formes plus inhabituelles, comme par exemple à un dodécagone paveur (voir à ce sujet l'annexe mathématique)

Toutefois pour la suite nous conserverons la forme carrée habituelle, pour des raisons de simplicité de présentation.

• Jeu complet

Le concept de carré latin s'étend… à l'infini, comme pour les autres jeux que nous avons déjà vus. Limitons-nous à l'ordre 7 : nous disposons alors de 49 carrés au total, 7 carrés pour chacune des 7 couleurs différentes.

Le jeu consiste à sélectionner les couleurs qui nous conviennent puis de prendre pour chaque couleur un nombre de carrés égal à celui du nombre de couleurs. Bien sûr, surtout avec des enfants nous commencerons par 3 couleurs et donc un carré 3X3.

En jouant vous remarquerez que les carrés d'ordre impair sont relativement faciles à trouver. Ceux d'ordre pair le sont moins. En voici un exemple pour l'ordre 6.

Chapitre 8

Jeux à base de carrés : carrés gréco-latins

Les jeux deviennent à la fois plus intéressants et plus difficiles : alors que pour les carrés latins toutes les pièces de même couleur étaient identiques, d'où il s'ensuivait que chacune pouvait prendre la place d'une autre, cette fois tous les carrés de même couleur seront différents car affectés d'une marque distinctive, et la contrainte deviendra double. En effet pour chaque ligne et pour chaque colonne il conviendra de n'avoir qu'une seule couleur et qu'une seule marque distinctive. (Il s'agit de la superposition de deux carrés latins orthogonaux)

Le jeu complet comporte encore 49 pièces : sept pièces de 7 couleurs différentes.

Pour chaque couleur les 7 pièces sont différenciées par 7 marques distinctives.

La figure qui suit montre un carré gréco-latin 4X4 :

ABCD αβγδ
DCBA βαδγ
CDAB δγβα
BADC γδαβ

Bien noter que le carré gréco-latin 6X6 est impossible à obtenir. En 1782 Léonard Euler (1707-1783) en a conclu que le 10X10 était également impossible… mais en 1959 Parker en a trouvé un… avec l'aide de l'informatique bien sûr ! Il aura donc fallu près de deux siècles pour montrer que cette conjecture d'Euler était non fondée. Vous trouverez un 10X10 sur Internet… il est splendide mais effroyablement difficile. Je me limiterai à donner un exemple de carré gréco-latin 7X7 :

Chapitre 9

Jeux à base de carrés : carrés arabo-gréco-latins

Avec les carrés latins nous n'avions qu'une seule contrainte à respecter, puis avec les carrés gréco-latins nous avons dû faire face à deux exigences… et voici qu'avec les carrés arabo-gréco-latin nous passons à un niveau de difficulté supérieur.

Il s'agit de n'avoir qu'une seule fois par ligne et par case tant les lettres latines que les lettres grecques et enfin que les chiffres arabes.

Ce n'est pas possible avec un carré 3X3, mais il existe une solution pour le carré 4X4.

A α 1	B β 2	C γ 3	D δ 4
D γ 4	A δ 3	B α 2	C β 1
C δ 2	D γ 1	A β 4	B α 3
B β 3	C α 4	D δ 1	A γ 2

C'est beau l'orthogonalité… mais un peu abstrait ! dites-le… avec des couleurs… et l'effet sera nettement plus esthétique !…c'est ce que montre sans ambiguïté la figure suivante.

Je donne également une des solutions pour le 5X5 et le 7X7.

Quant au 6X6 : vous avez déjà deviné qu'il n'existe pas de solution.

- **Carré arabo-gréco-latin 4X4**

- **Carré arabo-gréco-latin 5X5**

• Carré arabo-gréco-latin 7X7

Chapitre 10

Jeux à base de carrés quadricolores : puzzles en birouleau

De façon analogue au Trioker, où le pavé de base qui porte les couleurs est un triangle équilatéral, nous pouvons imaginer d'utiliser d'autres polygones paveurs. Le plus simple est le carré.

Il convient de décider quels types de pièces et combien de couleurs seront utilisées, avec les possibilités suivantes

- pièces quadricolores
- pièces tricolores
- pièces bicolores
- pièces monocolores

Les effectifs sont les suivants

nombre de couleurs	pièces quadricolores	pièces tricolores	pièces bicolores	pièces monocolores
4	6	24	24	4
5	30	60	40	5
6	90	120	60	6
7	210	210	84	7

Exemple monocolore

Exemples de pièces quadricolores

Exemples de pièces bicolores et tricolores

Après essais et évaluation, j'ai pris l'option la plus simple en ne conservant que les seules pièces marquées par 4 couleurs.

Avec ces carrés à 4 couleurs il est possible de jouer de façon analogue au jeu de dominos ou du Trioker, mais une autre possibilité s'offre à nous : celle de créer des puzzles ayant une structure bien particulière en birouleau, ce qui signifie que nous pouvons placer tout en haut la ligne du bas, et également tout à droite la colonne de gauche… puis recommencer.

Voici un exemple d'une structure en birouleau : il s'agit d'un puzzle 4X4

Il a été obtenu en choisissant 16 pièces parmi les 30 que comporte le jeu complet à 5 couleurs.

Amusez-vous à en trouver toutes les différentes présentations…

Chapitre 11

Jeux à base de quadrilatères quadricolores : puzzles en birouleau

Tout comme nous l'avons fait avec les carrés que nous venons de voir au chapitre précédent, nous pouvons utiliser les quadrilatères pour générer des puzzles en birouleau.

Le nombre de quadrilatères différents est 4 fois plus important que ce que donne l'utilisation de la forme carrée. Par exemple pour 5 couleurs nous obtenons 120 possibilités. Les voici !

• Les 120 quadrilatères de Factorielle 5

Sans couleur rouge

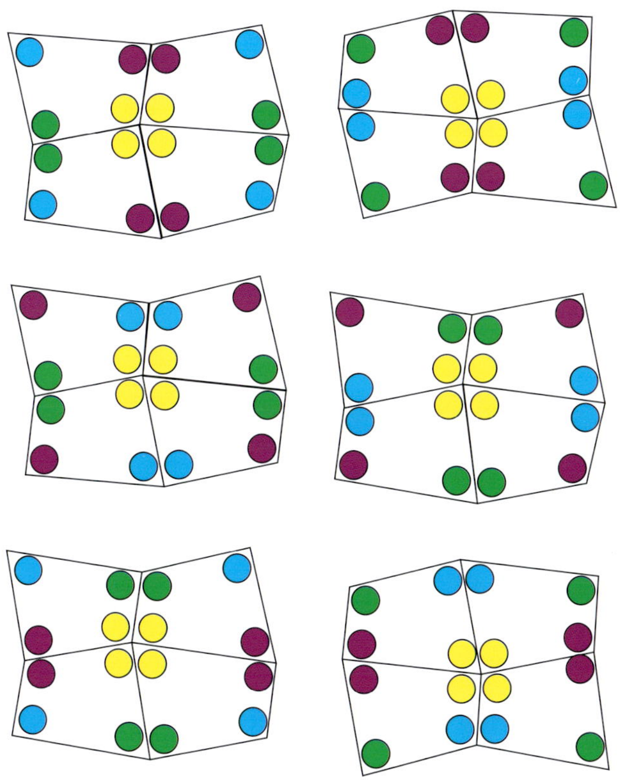

Sans couleur verte

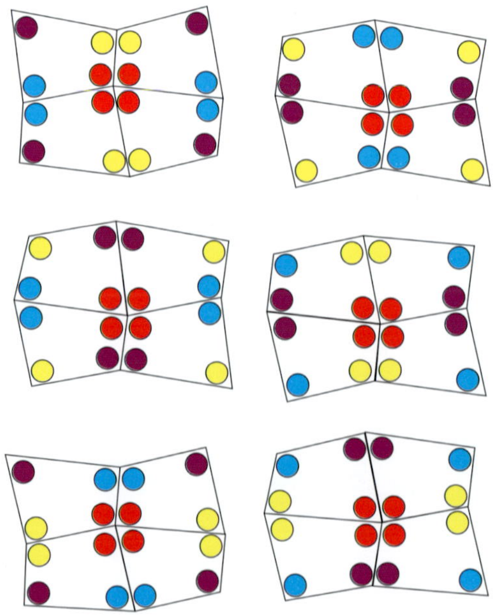

Sans couleur jaune

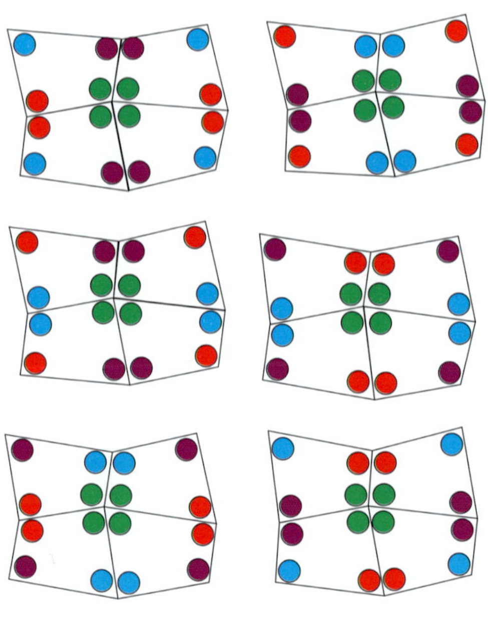

Sans couleur violette

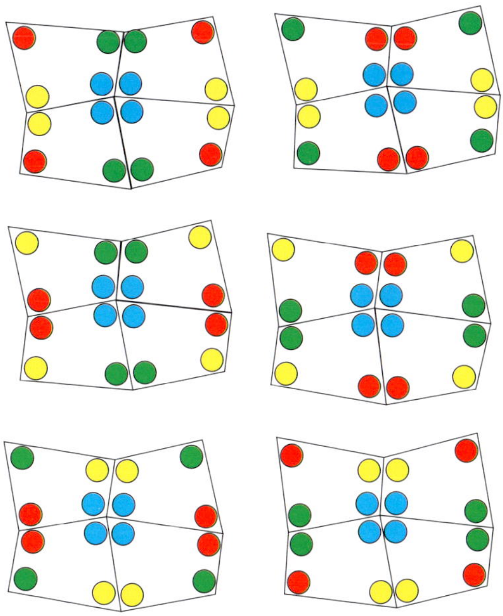

Sans couleur bleu clair

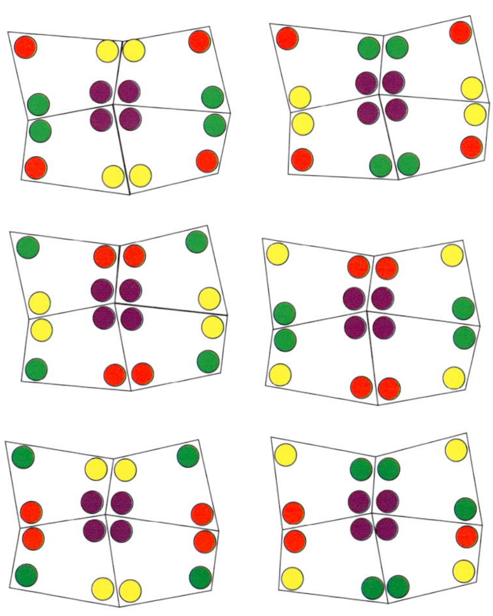

• Découpe des quadrilatères pour le jeu « Factorielle 5 »

Nous commençons par découper des carrés, tous identiques. (en rouge ci-dessous)

Les quadrilatères sont ensuite obtenus de façon simple en scindant en 4 parties identiques chaque carré de départ.

Par exemple : en partant d'un carré de dimensions 75X75 mm découpé selon les proportions 1/3 et 2/3 nous obtenons alors pour les quadrilatères

- petit côté : 25 mm
- grand côté : 50 mm
- deux côtés intermédiaires : 39,53 mm

Il est alors facile de distinguer visuellement les côtés à mettre face à face lors du jeu.

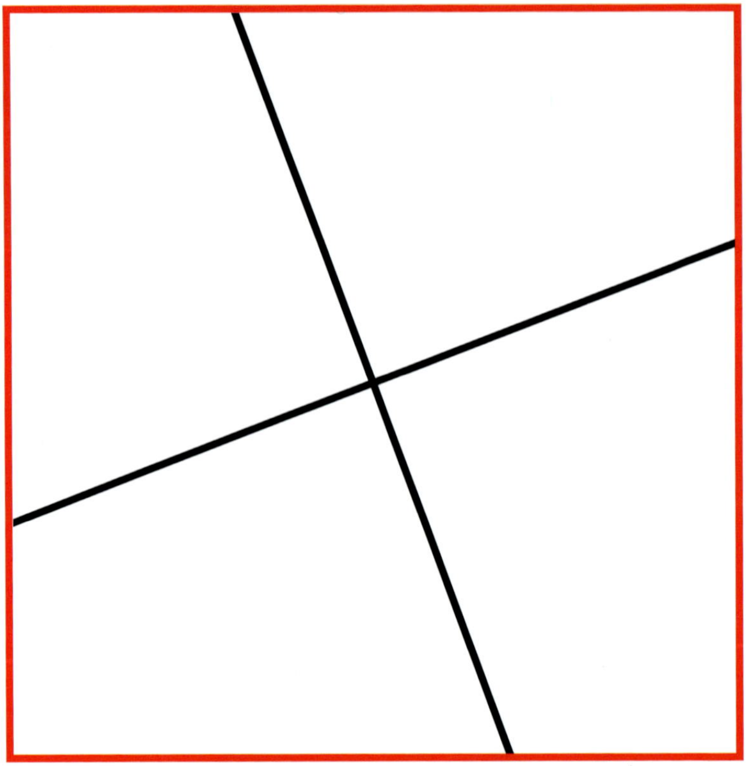

N.B. l'angle de découpe peut être modifié sans pour autant nuire au jeu ultérieur car les quadrilatères pourront toujours être assemblés.

• Règle du jeu pour factorielle 5 complet, comportant 120 pièces (5 couleurs)

De deux à six joueurs, voire plus, peuvent participer au jeu.

On laisse quelques pièces pour la pioche (de 10 à 20) et chaque joueur reçoit un nombre égal de pièces restantes. Le premier joueur pose la pièce de son choix.

Le joueur suivant doit trouver dans son jeu une pièce comportant deux couleurs identiques à celles du côté par lequel il veut accoler la nouvelle pièce qu'il a choisie. (N.B. : il n'existe dans le jeu de 120 pièces différentes que 6 pièces pouvant être accolées de cette façon)

Les deux pièces sont symétriques par rapport au centre du côté par lequel elles sont accolées.

La figure ci-dessous en donne un exemple : nous remarquerons que deux lignes brisées commencent ainsi à se dessiner.

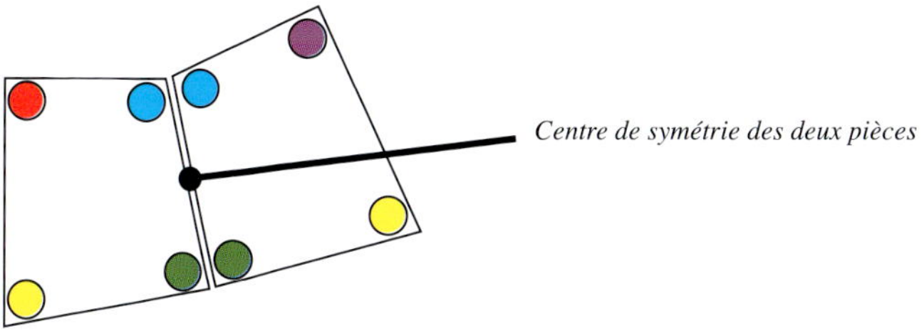

En cas d'impossibilité le joueur doit piocher, une seule fois, et jouer la pièce qu'il a piochée, si elle convient bien sûr. Dans le cas contraire il passe son tour.

Le troisième joueur doit trouver une des 6 pièces permettant de poursuivre, par exemple de la façon illustrée par la figure suivante

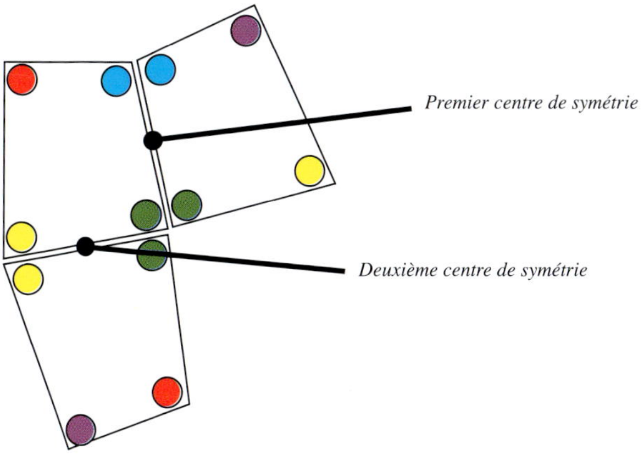

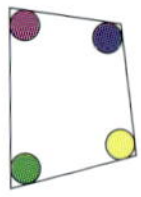

Celui qui parvient à terminer ensuite un « quasi-carré » a le droit de jouer une deuxième fois (NB : il n'existe dans le jeu que 2 pièces permettant de terminer un « quasi-carré ».)

Le premier gagnant est celui qui aura utilisé toutes ses pièces, puis viendra le tour du deuxième gagnant… etc.

• Règle du jeu pour un nombre de pièces moins important

Il est possible de choisir la nature et donc le nombre de pièces avec lesquelles nous désirons jouer.

Le jeu commence alors par un tri des pièces à partir du jeu complet comportant 5 couleurs et 120 pièces.

Cette possibilité est intéressante si nous jouons avec des enfants pour leur apprendre à choisir en utilisant soit la fonction et, soit la fonction ou.

Choix proposé	Nombre de pièces obtenues
Choisir les pièces comportant l'une ou l'autre parmi deux couleurs Exemple : toutes les pièces comportant du rouge ou du bleu	120
Choisir les pièces comportant au moins une couleur Exemple : toutes les pièces comportant du rouge	96
Choisir les pièces comportant à la fois deux couleurs Exemple : toutes les pièces comportant du rouge et du bleu	72
Choisir les pièces comportant à la fois trois couleurs Exemple : toutes les pièces comportant du rouge et du bleu et du jaune	48
Choisir les pièces comportant à la fois quatre couleurs Exemple : toutes les pièces comportant du rouge et du bleu et du jaune et du vert	24

• Création de puzzles en birouleau

Outre le jeu du type Trioker, Factorielle 5 permet de créer des puzzles en birouleau présentant un caractère gigogne, et ceci beaucoup plus facilement qu'avec les carrés.

Le puzzle dont nous donnons plus loin la figure comporte 80 quadrilatères, tous identiques quant à leur forme, mais tous différents quant à leur aspect : chacun d'eux est obtenu en marquant ses 4 angles d'une couleur différente.

L'utilisation de 5 couleurs permet de réaliser 5 ! quadrilatères différents. Parmi ces 120 pièces nous en avons retenu 80 pour construire ce puzzle 10X8.

Nous allons en examiner la construction et donc la structure, puis les propriétés, en partant du plus petit puzzle que nous pouvons concevoir : il s'agit d'un 2X2.

• Construction et structure

Chaque quadrilatère possède 3 pièces qui lui sont symétriques pour ce qui concerne les couleurs. (Uniquement pour les couleurs !) : l'une par rapport à un axe vertical, l'autre par rapport à un axe horizontal et enfin la dernière par rapport à l'intersection des deux axes précédents. Nous les mettons côte à côte et voici l'un des puzzles les plus simples réalisable de cette manière : il ne comporte que 4 couleurs. Il s'agit d'un puzzle 2X2.

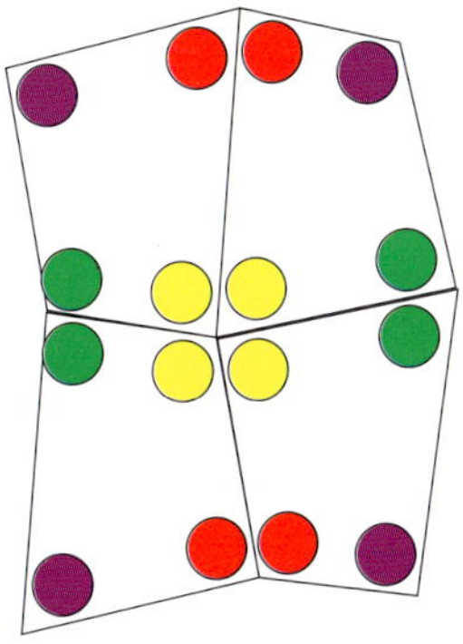

• Propriétés : enroulement bidimensionnel

Nous pouvons mettre au centre une autre des 4 couleurs, en permutant au besoin soit les lignes soit les colonnes ou encore les deux. Nous obtenons alors une autre apparence, bien qu'il s'agisse toujours du même puzzle. La structure est en rouleau bidimensionnel : le puzzle peut être enroulé de deux façons, soit autour d'un axe vertical, soit autour d'un axe horizontal.

• Propriétés : caractère gigogne

Nous entourons le puzzle 2X2 de départ par une bordure composée de 3 ensembles de 4 autres quadrilatères symétriques quant aux couleurs et nous obtenons ainsi un puzzle 4X4.

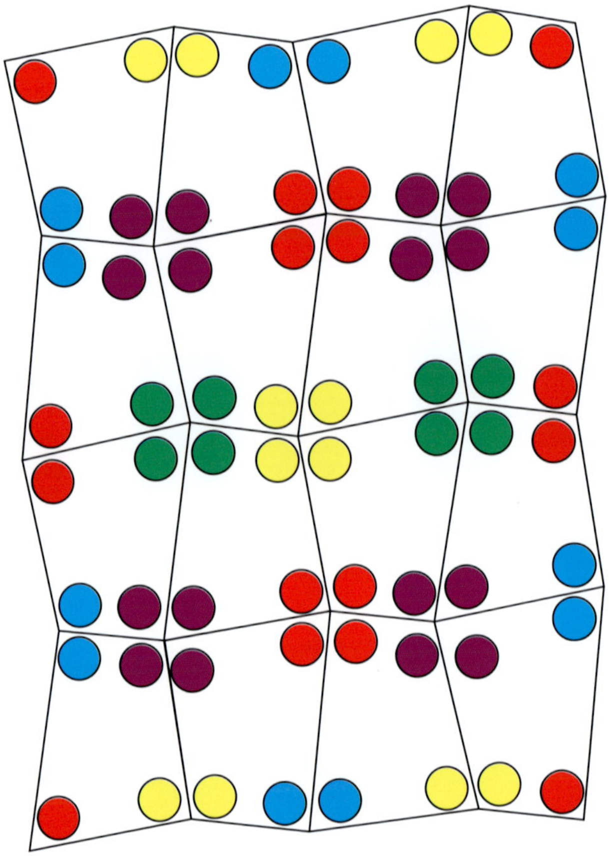

Pour le représenter nous pouvons nous contenter de ne donner qu'un quart du puzzle, la connaissance des pièces restantes résultera des opérations de symétrie évoquées plus haut.

Ce puzzle possède les mêmes propriétés que le précédent : structure en birouleau et aspect gigogne. Nous allons voir maintenant directement le puzzle 10X8 en sautant les étapes intermédiaires qui seraient fastidieuses.

• Exemple de puzzle 10X8

Seul un quart du puzzle de 80 pièces est représenté, (partie située en haut et à droite), nous y retrouvons le puzzle de départ 2X2 (ici ne figure qu'une seule pièce) puis le puzzle 4X4 (dont seuls 4 quadrilatères sont visibles).

Nous remarquons que, pour chacun des 20 quadrilatères de la figure ci-dessous, nous n'avons utilisé aucune pièce qui lui soit symétrique pour construire ce quart de puzzle. Ce sont justement ces pièces manquantes qui devront être choisies pour réaliser le puzzle complet à 80 quadrilatères, de façon à obtenir la structure en birouleau.

À partir de cet assemblage nous pouvons encore imaginer d'autres puzzles plus simples comportant **n** lignes et **p** colonnes : en procédant comme précédemment, tous les sous-ensembles possibles auront une structure en birouleau, puisque pour chacune des pièces du quart du puzzle 10X8 ci-dessus ses trois pièces symétriques existent.

Plus récemment je suis parvenu à réaliser différents puzzles en birouleau comportant 96 pièces (12X8). Avec un peu de patience vous le trouverez aussi. Bon courage !

• Variante

Pour agrémenter l'aspect du puzzle en birouleau nous pouvons peindre les pièces sur deux supports différents, ce qui donne un aspect de damier.

Exemple : Birouleau sur damier 6X4

• Présentation

Les puzzles en birouleau à base de quadrilatères ne nécessitent pas de cadre. Toutefois, si nous le souhaitons, ils peuvent être présentés de cette façon, en mettant à profit le fait que les quadrilatères que nous utilisons proviennent de la découpe de carrés.

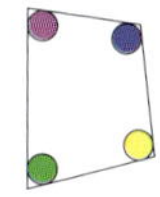

Exemple : puzzle en birouleau 4X4

Chapitre 12

Ouvertures vers d'autres réalités

Jusqu'à présent nous nous sommes limités à décrire des jeux en bois ou autres matériaux durs et décorés de façon à les rendre attrayants à notre sens de la vue.

Mais il est possible d'adapter ces jeux à d'autres univers quand nous sommes confrontés à d'autres réalités.

En voici quelques-unes

1. Jeux pour mal-voyants

En utilisant des matériaux industriels comme par exemple les lames en Ipé, bien connues des amateurs de terrasses, nous pouvons réaliser des jeux qui conviennent parfaitement aux mal-voyants.

Les plus simples à réaliser sont les puzzles polymorphes bicolores (recto d'une couleur et verso d'une autre couleur) car les lames en Ipé que nous choisissons possèdent une face lisse et une autre striée. Ce sont ces deux touchers différents qui prendront la place des deux couleurs.

Ajoutons que l'Ipé en provenance d'Amérique du Sud, dénommé aussi Ebène verte, est un bois très dense, très dur, sans défaut et imputrescible. Les puzzles réalisés en Ipé sont de toute beauté une fois poncés et cirés.

La figure suivante en donne un exemple.

En ayant recours à la gravure nous pourrons, de même, adapter les carrés latins et gréco-latins aux possibilités des déficients visuels.

2. Patchwork

Les puzzles polymorphes se prêtent à de très nombreux arrangements, nous l'avons abondamment illustré, sans toutefois être exhaustif.

Toutefois il convient de donner une information complémentaire qui sera mise à profit pour créer des patchworks inédits de toute beauté : il existe en effet, pour le triangle rectangle que nous avons décrit, une quasi-symétrie d'ordre 7, à mieux qu'un centième près puisque le plus grand angle aigu a pour valeur

$$360/6{,}946$$

Voici un patchwork dont nous a fait cadeau notre amie M. Thérèse Mercier

3. Marqueterie

À partir d'une taille relativement importante nous avons la possibilité de rechercher des arrangements qui donnent une impression esthétique remarquable.

Voici un exemple d'arrangement pour le pavage d'un rectangle de taille 9. Je l'ai réalisé en palissandre pour les tailles 1 et 3, tandis que la taille 2 est en chêne.

Et bien sûr cet arrangement est modifiable…

4. PowerPoint et Internet

Avec PowerPoint… et aussi un peu de patience, il est possible de dessiner avec une excellente précision les jeux que nous avons décrits… puis de les partager avec nos amis sur Internet.

En voici un exemple : puzzle à 6 pièces

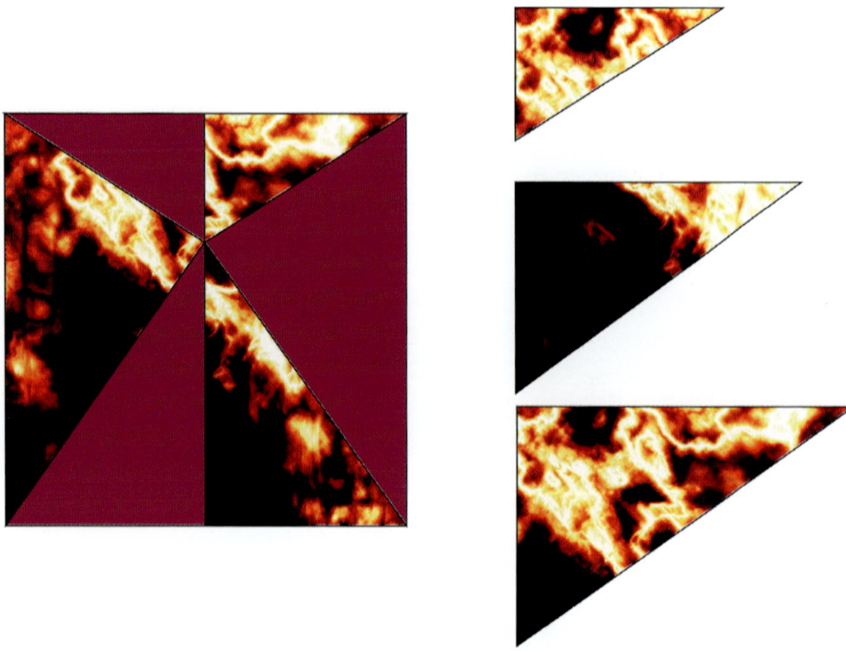

Toutes les pièces sont bicolores : elles possèdent une face de couleur feu et une face de couleur violette.

Il convient de supprimer les pièces violettes (en cliquant dessus et en choisissant « couper ») puis de les remplacer par leur retournée feu, tout en restant dans le cadre.

Chapitre 13

Le Cube Conteur

• De l'utilisation du Cube Conteur dans un projet bilatéral franco-malgache.

(par Nicolas Martin Granel et Michel Monluc)

Quelle est la situation du bilinguisme à l'école aujourd'hui dans l'Île Rouge, également nommée à juste titre Grande île ? Il serait bien entendu indispensable pour qui souhaite en avoir une représentation correcte de se remémorer quelques faits saillants de l'histoire de l'enseignement du malgache et du français depuis le 19ième siècle ; ici plus qu'ailleurs sans doute, les débats sont anciens et mobilisateurs.

Faute de temps, nous nous contenterons de dresser quelques constats de la situation actuelle Le premier constat concerne la scolarisation publique à Madagascar qui connaît un niveau anormalement bas et la « qualité linguistique » des élèves est très médiocre[15]. Tout se passe comme si le bilinguisme existant dans ce secteur scolaire était plus un handicap qu'un avantage. Le second est relatif à la qualité des maîtres et des professeurs de l'enseignement privé qui est globalement supérieur à celle des maîtres et des professeurs du secteur public. Enfin, les querelles idéologiques sur le choix de la langue d'enseignement et les choix aveugles qu'elles ont entraînés ont abouti à sacrifier deux générations d'élèves, celle d'une malgachisation suivie de celle d'une francisation mal dominée l'une et l'autre. On aboutit ainsi à ce que les deux langues servent à conforter la hiérarchisation entre deux couches de population, les plus défavorisés n'obtenant pas sur les bancs de l'école publique les clefs de la réussite sociale, les plus favorisés maintenant leur domination (à forte dominante ethnique) par le secteur privé, l'enseignement secondaire et l'Université.

Un projet bilatéral franco-malgache, le projet d'Appui au Bilinguisme (ABM) a pris acte de ces problématiques en prenant un triple terrain. Les textes institutionnels qui prescrivent les actions à mener dans le cadre des projets, les attentes et demandes du Ministère de l'Éducation Nationale et de la Recherche Scientifique (MNRS) dans le cadre de son plan stratégique de réforme et de développement du système éducatif et enfin le contexte de l'école malgache, le terrain proprement dit, où devraient se réaliser de façon visible ou sensible, à terme, les actions inscrites dans le plan et/ou les projets. C'est sur ce terrain

15. Le professeur Belloncle, expert en alphabétisation installé à Madagascar, parle d'un « double massacre ».

que se joue en dernier ressort la dite lutte contre la pauvreté, et à ce titre, il convient de mentionner quelques constats personnels.

Deux points marquants et même remarquables dans leur apparence paradoxale nous ont permis de mieux cerner la problématique du bilinguisme à Madagascar à partir d'une visite dans la circonscription scolaire de Soavinandriana, même si cette double découverte ne laisse en rien préjuger de la situation sur l'ensemble de l'île : la présence de manuels - français écrit - sur les tables des élèves et le déficit de compétences en français – surtout oral - chez les maîtres. La diglossie français/malgache se représente ainsi comme un déséquilibre prononcé entre, d'un côté, l'écrit (hypergrammatisation du français considéré et enseigné comme une langue morte à l'instar du latin) et, de l'autre, l'oral qui se conçoit et se réalise essentiellement en malgache et dans ses variétés vernaculaires.

Deux expériences de terrain complémentaires convergent dans le même sens que les hypothèses de travail tirées de ce constat préliminaire. Sur le terrain universitaire, tout d'abord, un premier contact a été établi à l'occasion du colloque scientifique (13-17 octobre 2003) organisé pour commémorer le 180ème anniversaire de l'orthographe unifiée. Celle-ci est loin de faire l'unanimité parmi les chercheurs qui ont présenté une communication dans ce domaine (« le voyage de l'écriture »). Les réformes proposées tendaient davantage à faire coller la transcription du malgache aux diverses variantes phonétiques dialectales qu'à moderniser et développer l'orthographe malgache à l'intention des usagers au quotidien ou de l'école. Le second lieu où il nous a été donné d'avoir un premier aperçu de la faille linguistique se situe à l'autre bout de la filière, dans une Ecole Primaire Publique (EPP) de Tananarive. Là, assis au fond de la classe et assistant à plusieurs cours dans tous les niveaux, il nous a été possible de mesurer à quel point, dans les pratiques de classe comme dans les représentations partagées, les deux langues d'enseignement supposées « partenaires », le français et le malgache, au lieu de communiquer entre elles et de s'appuyer mutuellement, se développent séparément et pour ainsi dire, se tournent le dos. Une situation d'apprentissage linguistique désastreuse pour les deux langues mises ainsi en concurrence dans une sorte de jeu à somme nulle, et aussi pour les élèves. Aller vers un bilinguisme « harmonieux » et allier les deux langues dans un véritable « partenariat » supposerait au contraire, selon une première hypothèse de travail, d'orienter les efforts de formation vers les compétences les plus déficitaires, à savoir l'oral en français et l'écrit en malgache.

Le terrain linguistique est donc complexe, pavé de bonnes intentions et balisé de lieux communs. Il se situe dans un *continuum* qui passe non seulement entre deux langues mais tient aussi aux deux extrémités du système éducatif : à la fois dans les zones rurales les plus enclavées – lieux d'implantation des Centres Locaux d'Echanges Francophones (CLEF) – où le français et l'écrit en général n'ont pas cours et dans les milieux de la recherche universitaire où l'écrit est de rigueur, en français principalement mais aussi en malgache. Ainsi avons-nous déjà pu assister à une séance mensuelle de l'Académie malgache où l'une des communications à l'ordre du jour s'est effectuée en français (sujet de médecine) et l'autre en malgache, cette dernière portant justement sur ce sujet sensible qu'est la politique linguistique de Madagascar.

La question du bilinguisme se pose ici en des termes fort différents de celui du Cameroun, où la question est résumée par les habitants eux-mêmes dans la fameuse boutade « Le Cameroun est bilingue mais pas les Camerounais ». D'un bilinguisme l'autre : le grand écart. Illustrant paradoxalement qu'à Madagascar, la frontière ou fracture linguistique n'est pas d'ordre géographique mais plutôt culturelle et surtout sociale. Reste que dans les deux cas, le poids de l'histoire (post)coloniale est prépondérant. Il conviendra de ne pas l'oublier, s'il y a bien des leçons à tirer de l'histoire - de la grande[16] aussi bien que de la petite et récente (réemploi des outils développés par les projets antérieurs).

Pour renforcer les compétences en français et sortir du double purisme, est requise une approche pragmatique et résolument continuiste (cf. la pratique du *frangasy* par les enseignants), par les performances (réelles) plutôt que par les compétences (idéales), c'est-à-dire, pour s'exprimer comme le font les anthropologues, penser la différence et dissoudre la hiérarchie.

Le bilinguisme est, à certains égards, une idée neuve[17] dans cette nouvelle génération de projets comme le projet « Appui au bilinguisme à Madagascar ».

Le plan d'actions du projet Appui au Bilinguisme à Madagascar s'est écrit dans le droit fil du « rapport de présentation » dudit projet. Les objectifs de

16. Cf. le différend Paulhan Augagneur tel qu'il est exposé par Laurence Ink (*Madagascar Fenêtres*, p. 117-139), ainsi que les réflexions, d'une pertinence encore très actuelle, d'un Pierre Deschamps, Chef du Service de l'Enseignement à Tananarive en 1898 : « Évidemment, ce n'est pas en restant à mon bureau, mais au contact des hommes et des choses du pays que je pouvais nourrir l'espoir de trouver une réponse qui me satisfît, au moins à titre provisoire, au problème qui me tourmentait : construire (...) un système positif d'éducation propre à l'enseignement officiel, qui s'ajustât à la mentalité des Malgaches et ne valût que pour eux. Le but était clairement en vue : perfectionner les indigènes par la mise en harmonie de deux cultures, dans le respect de la culture indigène par l'effet d'une large compréhension de la part de la culture française ».

17. *Terrain*, n°28, Mais ancienne, si on le considère comme une résurgence de l'*Indirect Rule* soutenue par les tenants de l'anthropologie malinowskienne dont l'un résume par exemple les objectifs de la nouvelle politique en ces termes : « Elle s'efforce de rendre possible un développement dans lequel les Africains conservent la stabilité et la fierté de leur vie communautaire et s'appuient sur les formes sociales existantes pour répondre à des besoins nouveaux. Mon enquête sur différents systèmes d'administration m'a convaincu que les progrès désirés étaient en fait plus rapides là où les Africains avancent depuis un point de départ familier en tant que groupes sociaux que là où, comme il arrive souvent avec les méthodes plus directes, ils partent à la dérive dans une contrée étrangère comme une foule d'individus », 1997.

la composante 1 (mettre en place un environnement francophone de proximité) et de la composante 2 (mettre en place des actions complémentaires à l'intention des instituteurs) se déclinent, respectivement, dans les deux principales actions suivantes : mise en place des Centres Locaux d'Echanges Francophones (CLEF) et lancement de la recherche-action sur le bilinguisme.

La première, qui relève d'une logique de la *fabrication*[18], se situe dans la continuité des actions entreprises et des « œuvres » réalisées sous les précédents projets de coopération (outils de formation, méthodes « Une vie d'Instit » et « Travail d'instit », journaux *Repères* et *La plume*, émissions radio, etc.). L'analyse des besoins et l'étude de faisabilité une fois menées, l'opération ne requiert que les moyens appropriés pour produire à son terme les « résultats attendus ». Cependant, pour renforcer l'attractivité et l'efficacité des CLEF, à leur équipement initialement prévu (livres, journaux, radiocassettes) s'est ajoutée une radio numérique type *World Space*[19], tant il est vrai que l'accès aux médias paraît le meilleur outil de re-médiation pour une meilleure maîtrise de la langue comme outil de communication.

La seconde action, par contre, dont la qualification même de « recherche action » présume déjà que c'est une action (plus) proprement dite, se trouve soumise à des incertitudes plus difficilement maîtrisables. Une fois donnée l'impulsion initiale – identification des acteurs et partenaires, lancement du séminaire avec ses termes de référence, missions sur le terrain, le processus peut être ensuite repris, modifié, dévié par les interactions et les réactions des divers acteurs ou agents, aussi bien par leurs « frictions ». Mixte de fabrication et d'action, la recherche-action est le fruit du terrain et de l'histoire où elle s'implante. En tant que recherche, elle court le risque de ne point trouver ce qu'elle cherchait, mais aussi la chance de trouver ce qu'elle ne cherchait pas. En tant qu'action, elle est soumise aux contraintes que rencontre la tactique qui met en œuvre un ensemble complexe de ressources humaines, intellectuelles, financières et logistiques (aléas, frictions, imprévus, etc.).

L'objectif final est d'obtenir des résultats susceptibles d'être appropriés par les utilisateurs, en tenant les deux bouts de la chaîne : développer des outils pour une meilleure connaissance de la situation sociolinguistique et pour l'introduction de l'innovation didactique. Cette adaptation de l'offre à la demande devrait s'accompagner d'une révision (déchirante ?) au niveau théo-

18. Référence à l'opposition désormais classique qu'Hannah Arendt introduit entre la fabrication et l'action. Alors que le résultat de la première – l'œuvre – est un objet à la fois défini et durable, celui de l'action – qui s'accomplit principalement par la parole - est incontrôlable et imprévisible, étant le produit d'une interaction entre volontés libres.

19. Un « tuyau » qui permet d'acheminer via le satellite des contenus radiophoniques très variés, dont les programmes de RFI pouvant intéresser un public en attente d'oral authentique par des émissions comme le « journal en français facile », « franc parler », « reportage sportif », etc).

rique, abandonner l'idée que la fabrication des « tuyaux » est indépendante des contenus qu'on y verse. Le CLEF, pas plus que le livre ou la radio, n'est un outil inerte et autonome, sans considération des hommes qui sont censés « l'utiliser ». Comme le dit si bien un activiste africain à propos d'un moyen de prévention du sida : « Il ne suffit pas d'avoir des outils, encore faut-il savoir s'ils sont culturellement acceptables ! »

Pour avoir des chances de mieux « impacter le terrain », la priorité est donnée au terrain par une approche pragmatique des pratiques langagières relevant d'une approche anthropologique. En d'autres termes, la recherche-action devait se concevoir comme une approche par les performances, complémentaire de celle dite « par les compétences » (APC) actuellement en cours de généralisation dans le système éducatif malgache.

Les recherches-actions qui n'ont pas résisté à l'épreuve du terrain sont précisément celles qui ont démarré trop vite (sans visites préalables sur le terrain), et/ou sur des pré-requis trop académiques et/ou avec des objectifs trop ambitieux et/ou avec des effectifs pléthoriques qui n'incluaient pas d'acteurs de terrain (instituteurs, parents d'élèves, élèves). Les plus durables et fécondes, au contraire, sont celles qui sont restées constamment en prise sur le terrain et qui s'y sont adaptées : c'est le cas du « Cube conteur » à Fianarantsoa.

L'utilisation du cube conteur dans la recherche action à Fianarantsoa dans le cadre du projet Appui au bilinguisme est née d'une rencontre entre Gilles Mozzo et le coordonnateur du projet sur la province de Fianarantsoa. Les fiches utilisées et élaborées par les groupes de recherche figurent ci-dessous.

Lieu d'expérimentation : les CLEF

Objectif : favoriser la prise de parole des « enfants » des CLEF.

Public cible : les enfants fréquentant le CLEF.

Produit attendu : fiche d'utilisation du cube conteur à destination des animateurs CLEF.

Équipe et partenaires impliqués : formateurs de la DREN de la Haute Matsiatra, Professeurs de français au lycée RR et de l'Université de Tuléar.

État des lieux : la prise de parole n'est pas facile pour les enfants en classe et dans les CLEF.

Problématique : quel outil permettrait de débloquer la prise de parole de ces enfants. Outil trouvé : le cube conteur.

C'est un puzzle constitué de 7 pièces de formes différentes qu'on peut assembler de diverses façons pour obtenir un cube. Cet outil s'appuie sur le principe du « kitantara ». Ainsi, lorsqu'on pose une pièce on prononce une ou plusieurs phrases d'une histoire. Cette dernière se termine par la réalisation du cube. Cet outil peut donc être utilisé dans les CLEF pour faire parler les enfants.

Travaux effectués

1e étape : élaboration d'un protocole de recherche

2e étape : élaboration d'une fiche d'utilisation du cube conteur et des grilles d'observation.

3e étape : expérimentation de la fiche d'utilisation élaborée dans des CLEF de Fianarantsoa.
Cette expérimentation prévoit 6 séances d'animation
Résultat obtenu : au fur et à mesure que les séances d'animations avancent, la prise de parole des enfants s'est améliorée.

4e étape : finalisation de la fiche d'utilisation.
Le document renferme : la description de l'outil, l'objectif de son utilisation, les techniques d'animation, les conseils d'utilisation, les prolongements, les histoires, les dynamiseurs (facilitateurs de la prise de parole avant le recours au cube conteur).

5e étape : tester la fiche avec les animateurs.
On a donné la fiche aux animateurs pour lecture pendant une demi-journée. Ensuite, on leur a demandé de préparer et de présenter quelques séances.
Résultat du test : 2 animateurs sur 3 éprouvent des difficultés à comprendre les mots et les phrases utilisés dans la fiche.
Travail qui reste à réaliser : élaborer une fiche d'utilisation simplifiée et écrite en malgache.

Février 2009. Le projet ABM poursuit sa route et nul doute que les histoires véhiculées grâce au cube conteur continuent à faire rêver nombre d'enfants des zones reculées de Madagascar.

Michel Monluc

• Description du cube conteur

Le livret a comme dimensions réelles 135X135 mm : la même dimension est adoptée pour le cube conteur terminé, dont les 7 pièces sont réalisées à partir de profilés carrés de dimensions 45X45 mm.

• Exemple d'histoire : Les deux chats

Il s'agit de la première histoire contenue dans le livret dont on voit la couverture ci-dessus.

Elle met en jeu deux chats : celui qui regarde toujours à gauche et celui qui regarde toujours à droite ! Ils sont terribles : ils adorent les oiseaux !

Les voici : ils vont jouer un rôle important dans l'histoire…

Je commence la construction de ma maison en débutant par le rez-de-chaussée et en laissant soigneusement une place libre

Comme il fait très froid dans mon pays je construis une cheminée que je dispose au milieu de la maison : vous voyez la fumée qui s'en échappe ?

Les oiseaux volettent autour de ma maison. Je les entends faire « cui cui cui… cui cui… ».
Je comprends qu'ils ont froid et je leur réserve deux places autour de la cheminée.
Ils y construisent deux nids.

Tout va bien, le soleil brille, les oiseaux chantent… mais malheur ! : voici qu'arrivent deux bêtes terribles : le chat qui regarde toujours à gauche et le chat qui regarde toujours à droite…

Et tous deux aiment bien les oiseaux… comme repas !

Le premier chat, celui qui regarde toujours à gauche, se jette sur le premier nid… heureusement les oiseaux ont eu le temps de s'envoler !

Et le deuxième chat, celui qui regarde toujours à droite fait de même ! Ouf ! les oiseaux ont eu aussi le temps de s'envoler.

Alors je décide de fermer soigneusement ma maison

• **Un magnifique carré gréco-latin !**

• **Un Tricoter à 8 couleurs : 176 pièces !**

• **Les 120 quadrilatères de Factorielle 5**

• **Exemple de jeu avec Factorielle 5**

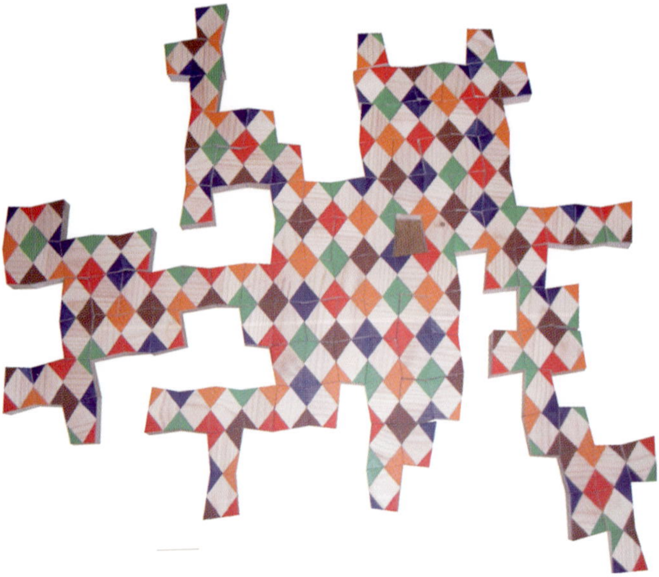

Chapitre 14

Aux amoureux des maths

1. Du triangle équilatéral au nombre d'Or

- Dis papa, c'est quoi un triangle équilatéral ?
- C'est un triangle dont les trois côtés sont égaux, c'est bien ce que dit son étymologie, non ?
- Ouais, je sais, mais t'as pas une définition un peu moins… figée… qui montre que le triangle équilatéral n'est pas tout seul, mais qu'il fait partie d'une famille plus large ?
- Les triangles quelconques ?
- Non, là tu exagères, tu vas trop loin. Un peu plus restrictif ça serait quand même mieux !
- Ah bon ! laisse moins réfléchir
- ?
- Voilà, j'ai trouvé : c'est un triangle dont le rapport entre deux côtés est constant… et dans son cas particulier il est égal à 1
- Super ! et quand il n'est pas égal à 1 ce fameux rapport ?
- Et bien nous avons affaire aux triangles… harmoniques dirons-nous, ceux pour lesquels se vérifie la relation

$$c/b = b/a = \varrho$$

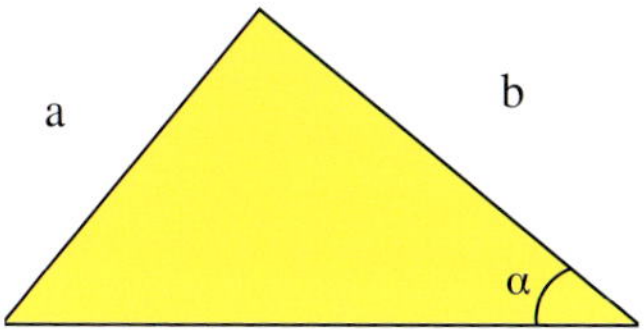

-Et si α est l'angle opposé au plus petit côté, noté a, la relation entre l'angle α et le rapport d'homothétie ϱ est donné par la relation

$$a^2 = b^2 + c^2 - 2\,b\,c\cos\alpha$$

qui conduit à

$$\cos\alpha = (\varrho^4 + \varrho^2 - 1)/\,2\,\varrho^3$$

14

- Il y en a bien sûr une infinité… mais pas autant que de triangles quelconques.
- Voyons maintenant les cas particuliers qui se présentent dans le domaine d'existence des triangles harmoniques, qui est donné par
$1 < \varrho < \Phi$
- C'est quoi **Φ** ?
- C'est bien sûr le nombre d'Or dont la valeur approximative est 1,618 et la valeur exacte est donnée par
$\mathbf{\Phi} = (1 + 5^{½})/ 2$
- Ça me rappelle quelque chose… mais continue !

Cas particulier	Rapport d'homothétie ϱ	cos α	α
triangle équilatéral	1	½	60 degrés
triangle rectangle	Racine carrée du nombre d'Or ≈ 1,272	$\cos^2 \alpha = \Phi - 1$	38,17 degrés
segment de droite	Nombre d'Or ≈ 1,618	1	0

- Chapeau… mais à quoi ça sert ?
- À obtenir les puzzles polymorphes que je t'ai offerts ! et à comprendre que nous pouvons passer facilement d'un triangle équilatéral au nombre d'Or !

2. Démontrer que $p^3 + 2p$ est toujours divisible par 3

- T'as vu la question que m'a posée mon prof ?
- Elle est intéressante et je vais te donner une démonstration qu'il ne connaît sans doute pas !
- Comment fais-tu ?
- Tu connais le Trioker ?
- Oui, c'est ce jeu à 24 pièces différentes décrit par Alain Zalmanski dans Tangente.
- Voilà, tu y es. Maintenant généralisons ce jeu en utilisant p couleurs.
- Il y a combien de pièces comportant une seule couleur ?

- élémentaire : il y en a p

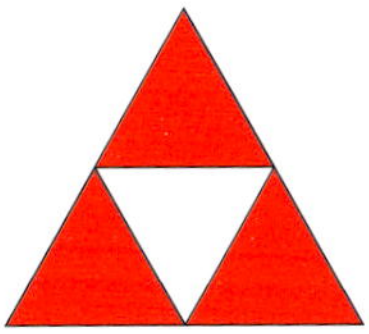

- et de pièces bicolores ?

- attends… il y en a le double de
p !/ 2 !(p-2) !
soit donc p (p-1)

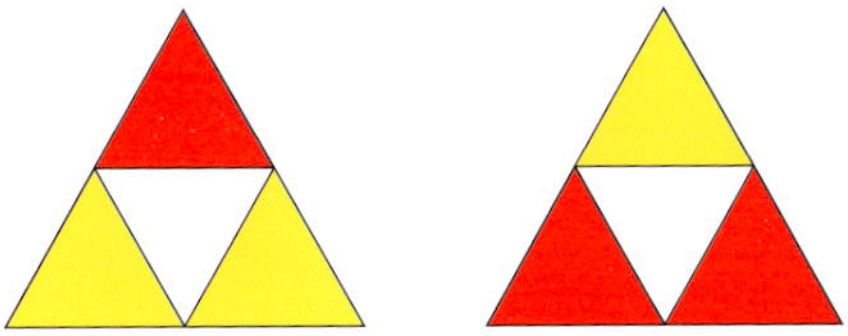

- et pour terminer combien de pièces tricolores ?

- attends encore un peu…
il y en a le double de p !/ 3 !(p-3) !
c'est-à-dire (p (p-1) (p-2)) / 3

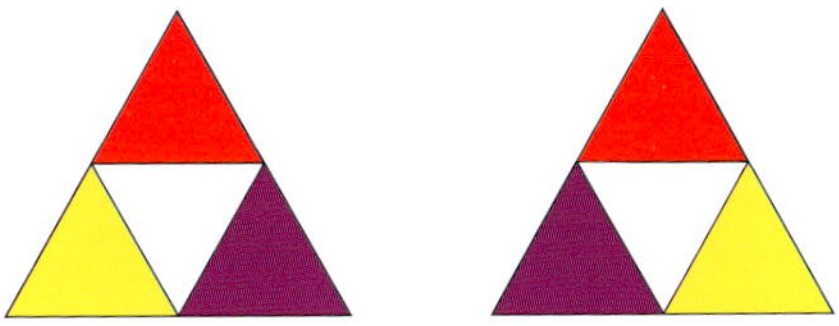

- Bravo ; Et au total il y en a combien ?
- Facile… laisse-moi faire l'addition.
- Voilà, j'ai trouvé : il y en a au total : $(p^3 + 2p)/3$
- Et donc, comme le nombre de pièces est un entier, on a démontré au passage que l'expression $p^3 + 2p$ est toujours divisible par 3. Cqfd !

Cette expression donne le nombre de pièces du jeu que j'ai appelé Tricoter.

Nombre de couleurs	3	4	5	6	7
Pièces monocolores	3	4	5	6	7
Pièces bicolores	6	12	20	20	42
Pièces tricolores	2	8	20	40	70
Total	11	24	45	76	119

- et remarque, en plus, la formule marche même pour une seule couleur : il existe une seule pièce… et aussi pour deux couleurs : il y a 4 pièces au total… c'est quand même beau les maths !

3. Un quadrilatère pas si quelconque que cela !

Il est bien connu que l'espace plan peut être pavé par un quadrilatère convexe quelconque. Une belle démonstration en a été donnée par André Deledicq.[20]

Nous en présentons ici une application particulière : le quadrilatère que nous proposons comme motif de pavage n'est plus tout à fait quelconque : il présente deux angles droits, les côtés contenant un des angles droits étant de même longueur.

Il est obtenu en découpant en 4 parties identiques un carré, selon un angle α

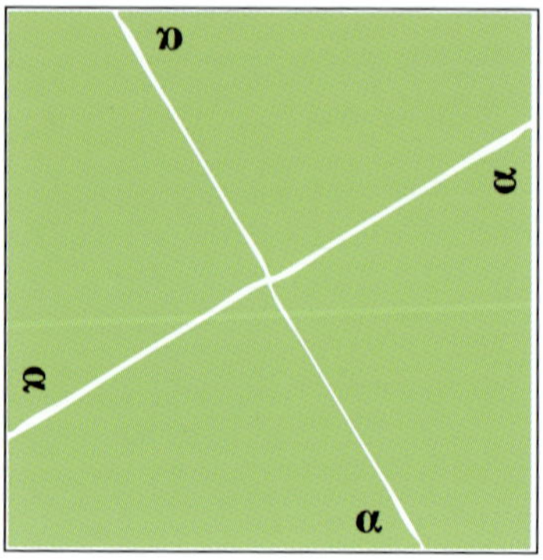

20. André Deledicq. «Textes et conférences mathématiques», *La jubilation en mathématiques*, n°5, ACL-Les Éditions du Kangourou, Paris, 2001.

C'est ce type de quadrilatères que nous avons utilisé pour réaliser les puzzles quadricolores.

Il existe encore un cas particulier : si nous prenons pour l'angle α une valeur égale à $\pi/3$ la longueur du plus grand côté est égale à la somme de celles du plus petit côté et du côté intermédiaire.

Par exemple si, pour des raisons pratiques de présentation, nous prenons pour le carré un côté égal à $\mathbf{2\sqrt{3}}$ nous obtenons

longueur du petit côté : $\mathbf{\sqrt{3}-1}$
longueur des 2 côtés intermédiaires : **2**
longueur du grand côté : $\mathbf{\sqrt{3}+1}$

La longueur du grand côté est donc égale à la somme des deux autres, pour ce cas particulier ! Belle possibilité d'assemblage en perspective !

En effet, en réorganisant de façon judicieuse les 4 quadrilatères, après en avoir retourné 2, nous réalisons une forme inédite qui est un **dodécagone concave paveur.**

• Assemblage

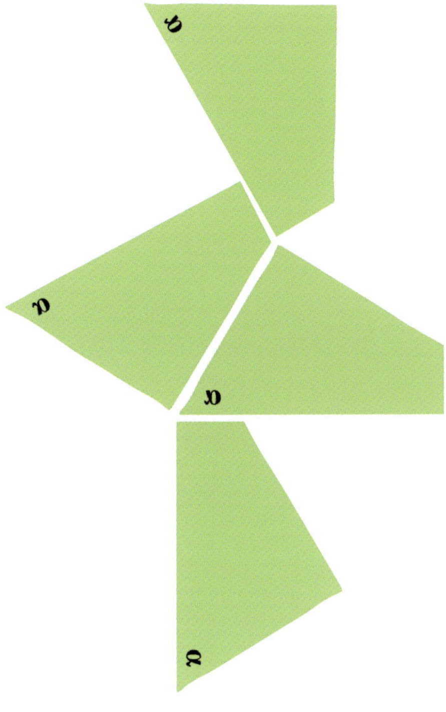

• **Motif de pavage : dodécagone concave**

• **Début de pavage par des dodécagones concaves**

4. Un casse-tête pour les générations à venir

Nous savons combien les carrés latins et leurs dérivés ont occupé de nombreuses générations… et sont même arrivés à induire en erreur Leonard Euler.

Voici un autre problème qui devrait également bien occuper celles à venir : **quel est le nombre minimal de couleurs permettant de créer un puzzle en birouleau de m lignes et p colonnes, comportant donc mp carrés quadricolores, avec une seule contrainte :**

tous les carrés doivent être différents !

Encore de la topologie !

Voyons ce qu'il en est avec 4 couleurs : il n'existe que 6 carrés différents et avec 4 couleurs on ne peut même pas créer le puzzle en birouleau 2X2. (Il est d'ailleurs impossible à réaliser quel que soit le nombre de couleurs dont on dispose car on ne peut en utiliser plus que 4).

Pour le 3X3 la question ne se pose même pas : il n'y a pas assez de pièces, car seules les 6 pièces suivantes sont disponibles… et le 3X2 est irréalisable.

Donc avec uniquement 4 couleurs on ne peut pas créer de puzzle en birouleau.

En ayant recours à une 5ème couleur : on pourra vérifier rapidement que le puzzle en birouleau 3X3 n'est pas réalisable (en fait le 3X3 nécessite… 9 couleurs différentes !).

On peut par contre créer un puzzle en birouleau 4X4, comme nous l'avons déjà vu plus haut.

Avec ces 5 couleurs : nous disposons bien sûr de 30 carrés différents… ce qui fait aussitôt penser à la possibilité d'une structure 5X6… mais il est impossible en réalité de créer un tel puzzle 5X6 en birouleau (du moins convient-il de dire que malgré toutes les tentatives effectuées, je n'ai pas trouvé de solution…)

Il faut faire appel à 6 couleurs pour réaliser ce puzzle 6X5.

Notons encore qu'avec 6 couleurs on obtient, avec encore un peu plus de patience, le puzzle 6X6 et également le 7X6… et je ne suis pas allé au-delà.

Par contre le 5X5 semble très difficile… je ne l'ai pas trouvé. Et il reste beaucoup à faire pour trouver les autres puzzles en birouleau d'effectif plus important, comme le 7X7.

Faut-il avoir recours aux 210 pièces différentes d'un jeu complet à 7 couleurs ?

La réponse à la question générale posée plus haut, qui peut-être demande de mettre en œuvre des moyens dont je ne dispose pas, permettra de créer les puzzles en birouleau d'ordre supérieur… je serais heureux de savoir ce qu'elle a suscité comme travaux ! et d'en admirer les résultats.

Voici à cet effet mon adresse électronique : *gfmozzo@wanadoo.fr*

De mon côté, en réponse à votre demande, je peux vous faire parvenir par courriel les versions des puzzles en birouleau 6X6 et 7X6 que j'ai trouvées… ce qui ne vous empêchera pas de chercher à votre tour car il doit en exister bien d'autres !

Conclusion

Avec les jeux que nous avons présentés…
Jouer c'est :
- Choisir, trier, construire,
- Fabriquer dans le matériau de son choix
- Assembler des formes
- Apparier des couleurs
- Imaginer autre chose

Ne vous en privez pas ! la tradition… c'est d'innover !
comme l'on fait ceux qui nous ont précédés !
Et n'oubliez pas de partager vos découvertes !
car « tout ce qui n'est pas donné est perdu » (Pierre Ceyrac).
et vous serez surpris de découvrir alors
« quels jeux naissent dans votre maturité ! »